CLAUDE **RYAN**

Les valeurs libérales et le Québec moderne

Une perspective historique
sur l'apport du Parti libéral du Québec
à l'édification du Québec
d'hier et d'aujourd'hui

Édition révisée

CLAUDE RYAN
1925–2004

Préface

DES VALEURS PROFONDES QUI DÉTERMINENT NOTRE ACTION

Lorsque j'ai proposé à Claude Ryan de nous faire part de ses réflexions sur les valeurs et les réalisations du Parti libéral du Québec et de ce qui le différencie des autres partis politiques québécois, je savais que je m'adressais à la bonne personne. Durant toute sa carrière publique, comme secrétaire de la section française de l'Action catholique canadienne, comme directeur au *Devoir*, comme chef du Parti libéral du Québec et comme ministre au sein du cabinet de Robert Bourassa et de Daniel Johnson, Claude Ryan a toujours démontré un intérêt soutenu pour les principes et les valeurs qui guident l'action humaine et plus particulièrement l'action politique. Il nous présente ici un ouvrage éclairant et rigoureux, qui est un magnifique hommage aux grandes valeurs qui ont soudé les libéraux québécois, depuis la deuxième moitié du XIXe siècle jusqu'à aujourd'hui.

Le parti des libertés

Si le Parti libéral du Québec est le seul des partis politiques québécois à avoir traversé les générations, c'est qu'il a toujours défendu des objectifs et des valeurs qui non seulement répondaient aux besoins et aux aspirations des

Québécois mais qui leur ressemblaient. Les Québécois sont profondément libéraux, dans le sens humaniste du terme. Jamais ils n'ont versé dans le racisme ou le nationalisme sectaire; jamais ils ne se sont montrés des partisans d'une glorification démesurée de l'État, jamais ils n'ont approuvé les actes de violence ou d'anarchie. Les crises que nous avons traversées à travers le XXᵉ siècle l'ont démontré : Première et Seconde guerres mondiales, crise d'octobre de 1970, crises constitutionnelles. Ces crises auraient pu ébranler sérieusement les assises de notre démocratie. Par amour des libertés, les Québécois en ont décidé autrement.

Dans le mot « libéral », il y a le mot « liberté ». Parti des libertés individuelles et, en prolongement, des libertés collectives, comme l'explique si bien Claude Ryan, le Parti libéral du Québec a gouverné le Québec pendant près des deux tiers du XXᵉ siècle. Il n'est donc pas exagéré de qualifier ce dernier de « siècle libéral ». De grands leaders comme Godbout, Lesage et Bourassa, en s'opposant particulièrement au conservatisme d'antan, hostile aux libertés individuelles et au progrès social, ont littéralement façonné le Québec au nom des grandes valeurs de liberté : suffrage universel, décléricalisation et laïcisation, instruction obligatoire, programmes sociaux gratuits et universels, charte des droits et libertés.

Depuis toujours, l'action politique libérale a été empreinte d'une volonté de laisser les citoyens exercer au maximum leurs libertés individuelles, tout en prenant soin de préserver cette notion fondatrice d'une dérive malheureuse vers l'individualisme. Tout au contraire, comme l'explique bien Claude Ryan, pour le Parti libéral du Québec, les libertés individuelles doivent porter le germe de la solidarité puisque seul le citoyen libre de ses choix peut choisir les autres.

Le parti des Québécois

Depuis la disparition de l'Union nationale, le Parti québécois est le principal adversaire du Parti libéral du Québec. Le Parti Québécois, né d'une aile dissidente libérale, s'est constitué autour d'une seule idée : la souveraineté du Québec. Cette quête de l'État-nation a donné lieu à des politiques socialisantes qui ont eu pour trait commun de mettre l'État à l'avant-plan de la vie économique et sociale dans une promotion à peine voilée de la cause souverainiste. Cette politique orientée par la cause aura contribué, en certains aspects au renforcement du Québec, mais elle aura aussi été à la source d'un État québécois trop lourd et trop peu efficace qui taxe ses citoyens plus que n'importe quel autre sur le continent.

À l'opposé, le Parti libéral du Québec n'a jamais été le parti d'une seule idée. Sa « cause » a toujours été celle du progrès économique et social du Québec. Dans cette vision pragmatique, le fédéralisme canadien nous est toujours apparu, par la mise en commun des risques et des opportunités, comme l'environnement le plus propice à notre épanouissement.

Le PLQ a su, grâce à son attitude ferme mais constructive, faire évoluer le cadre fédéral canadien dans le sens des intérêts du Québec et contribuer à son avancement et à l'essor du Canada. À cet égard, je suis parfaitement d'accord avec Claude Ryan quand il affirme que le Parti libéral du Québec a obtenu par la négociation plus que toutes les autres formations politiques par la voie d'affrontements stériles. Même dans les moments difficiles, cet appel constant à la raison des Québécois est une attitude libérale d'une grande dignité.

Le parti du progrès

Le PLQ a toujours favorisé le développement économique du Québec et il n'a pas hésité, pour cela, à doter notre société d'outils économiques puissants comme Hydro-Québec, la Caisse de dépôt et de placement ou la Société générale de financement. «Maîtres chez-nous» disait Jean Lesage, en mettant en œuvre des réformes destinées à rapatrier au Québec d'importants leviers économiques, destinés en particulier aux francophones.

On doit à Robert Bourassa la mise en œuvre des grands chantiers de la Baie James, joyau du trésor énergétique québécois et à des ministres de son cabinet le développement de politiques favorisant l'essor des industries de haute technologie qui forment aujourd'hui l'un des pôles les plus dynamiques de notre vie économique.

Épris de justice sociale, le Parti libéral du Québec a également voulu que tous les citoyens aient une chance égale et un accès facile à l'éducation et aux soins de santé. Il a créé le ministère de l'Éducation, investi massivement dans les établissements d'apprentissage de tous les niveaux et dans toutes les régions et a contribué à donner accès à l'enseignement supérieur au plus grand nombre possible. Il a aussi créé l'assurance-hospitalisation et l'assurance-maladie. Il a créé le ministère des Affaires culturelles, puis le Conseil des arts et des lettres, afin de favoriser à la fois l'essor culturel et l'accessibilité à la culture pour tous. Enfin, il a créé le Régime de rentes du Québec et fait adopter de nombreuses mesures de soutien du revenu. Il s'agit d'un bilan extraordinaire qui reflète nos valeurs.

Les ambitions de notre formation politique pour le Québec sont aussi grandes et audacieuses aujourd'hui que le « Maître chez nous » de Jean Lesage en 1962 ou que les « 100 000 emplois » de Robert Bourassa en 1970 ans ou encore que le « Maîtriser l'avenir » de 1985.

Comme le souligne avec justesse Claude Ryan, notre tâche doit s'inspirer d'abord et avant tout des valeurs qui ont toujours animé notre formation politique, celles qui ont été à la source même des réalisations les plus importantes du Québec moderne, autant dans le secteur économique que social, institutionnel ou culturel.

De Godbout, qui a affronté le fascisme et a donné le droit de vote aux femmes et, par-delà, changé la conception de la justice au Québec, à Jean Lesage, qui a pris les rennes de l'émergence d'un État moderne, jusqu'à Robert Bourassa, qui nous a élevés au rang de bâtisseurs d'eau, le Parti libéral du Québec a été de tous les grands bonds en avant du Québec.

À travers les époques et les grands leaders qui les ont marquées, le Parti libéral du Québec a assumé une responsabilité historique qui est celle du changement et du renouveau. Pour le Parti libéral du Québec, la remise en question n'est pas un sacrilège, elle est inhérente au devoir d'État. Il relève de la responsabilité première d'un gouvernement de rejeter l'habitude et de faire en sorte que le

Québec fasse toujours corps avec son époque pour en saisir toutes les possibilités et en relever tous les défis.

En ce début de XXIᵉ siècle, nous sommes conviés en tant que libéraux à un nouveau rendez-vous avec notre histoire. Il nous appartient aujourd'hui de remodeler l'État que nous avons nous-même constitué. Cet État, qui a été source de grande fierté, été conçu avant la mondialisation, avant l'informatisation, avant le vieillissement de notre population. Il a été conçu à une autre époque, pour une autre multitude. Nous devons aujourd'hui rénover notre grand outil collectif pour répondre aux besoins des Québécois d'aujourd'hui avec des moyens et des technologies d'aujourd'hui pour revendiquer avec force et confiance notre place parmi les meilleures sociétés de ce siècle.

Nous avons des défis à relever. Nous devons prendre en main nos finances publiques et adapter nos services sociaux au vieillissement de notre population. Nous devons à nos pères et nos mères qui ont bâti cette société unique de vieillir en santé; nous devons à nos jeunes qui prendront la relève, une éducation parmi les meilleures du monde, parce que la connaissance est le germe de la croissance. Nous devons favoriser l'autonomie de nos régions en nous faisant les accompagnateurs des volontés régionales plutôt que les prescripteurs de solutions centralisées. Nous devons assurer la sécurité énergétique du Québec et concevoir notre potentiel en cette matière dans une perspective continentale.

Nous sommes à l'aube d'un grand redéploiement du Québec et de ses forces vives. Encore une fois, c'est vers le Parti libéral du Québec que les Québécois se sont tournés pour en assurer le succès.

Les valeurs qui nous ont inspirés hier restent celles qui nous inspirent aujourd'hui : la défense des libertés individuelles, l'identification première au Québec, le développement économique et la justice sociale, le respect de nos partenaires socio-économiques et communautaires, le progrès de la démocratie, l'appartenance et la participation active à la fédération canadienne.

Comme l'a indiqué Claude Ryan, ces valeurs doivent être comprises comme un tout. On ne peut pas choisir celle qui fait notre affaire et laisser tomber les autres.

La réflexion qui vous est présentée dans les pages qui suivent nous permet de constater que le Parti libéral du Québec a contribué comme aucun autre à la naissance et à la construction du Québec moderne et que cette contribution a été, tout au long de notre histoire récente, le fruit d'un engagement profond à des valeurs justes et légitimes.

Ces valeurs, bien enracinées dans notre histoire, sont toujours les clés qui nous permettent d'ouvrir les portes de l'avenir et d'en relever les défis avec engagement et avec ferveur. À un moment où certains semblent vouloir oublier que la politique est avant tout une volonté de changer la société pour l'améliorer.

Jean Charest
Chef du Parti libéral du Québec

Introduction

Les origines du Parti libéral du Québec[1] remontent au début du régime de l'Acte d'Union. Instauré en 1840, peu après les troubles de 1837-1838, ce mode de gouvernement réunissait le Bas-Canada et le Haut-Canada sous l'autorité d'un seul parlement. La population du Bas-Canada demeurait à cette époque supérieure à celle du Haut-Canada. Néanmoins, dans le parlement, chaque province se vit octroyer une représentation égale. Inspiré du rapport Durham, lequel avait recommandé l'assimilation graduelle du Bas-Canada francophone dans un pays dont l'anglais serait la langue dominante, l'Acte d'Union fut mal accueilli au Québec. Aussi plusieurs eussent souhaité que le Québec refuse de s'y associer. Tel ne fut pas cependant l'avis du chef du parti réformiste canadien-français, Hippolyte LaFontaine. Celui-ci jugea qu'au lieu de bouder la nouvelle constitution, mieux valait chercher à en tirer le meilleur parti possible. Une alliance remarquable s'établit alors entre les réformistes du Bas-Canada, dirigés par LaFontaine, et ceux du Haut-Canada, dirigés par Robert Baldwin. De cette alliance émanèrent deux percées que semblait devoir interdire l'Acte d'Union, l'entrée de la langue française au parlement dès la première intervention de LaFontaine dans les débats en 1841 et l'avènement du gouvernement responsable sous le gouverneur Elgin en 1848.

---

1 Pour ne pas alourdir inutilement la lecture, le Parti libéral du Québec sera désigné dans ce texte sous le simple nom Parti libéral.

En plus de loger à l'enseigne du pragmatisme constitutionnel, le parti de LaFontaine se distinguait par son attachement aux libertés, sa volonté de réformer les institutions politiques et son ouverture aux débats à l'intérieur de ses rangs. Dès la décennie qui suivit l'Acte d'Union, il fut en proie à des tensions aiguës entre tenants d'une ligne modérée et tenants d'un nationalisme plus radical en matière constitutionnelle. Dans les années qui précédèrent la Confédération, le parti fut même dominé par des éléments plus sympathiques aux vues politiques de Louis-Joseph Papineau qu'à celles de LaFontaine. En 1865, sous la direction d'Antoine-Aimé Dorion, il s'opposa au projet de fédération canadienne. Dorion soutenait que le régime projeté assujettirait le Québec à la volonté de la majorité anglo-canadienne. Il favorisait plutôt une forme de régime proche de ce qu'on appelle aujourd'hui la souveraineté-association. Après l'entrée en vigueur de la Confédération de 1867, sous l'influence de Wilfrid Laurier, le Parti libéral s'engagea à fond dans l'expérience canadienne. À cette époque, la politique provinciale et la politique fédérale n'étaient pas séparées comme aujourd'hui. Elles étaient comme des vases communicants ; on passait facilement du provincial au fédéral, et vice-versa.

Depuis la fin du 19ᵉ siècle, deux courants principaux ont dominé la vie politique québécoise : le courant « rouge », représenté par le Parti libéral, et le courant « bleu », représenté d'abord par le Parti conservateur, puis par l'Union nationale et le Parti québécois. Tout en affirmant de part et d'autre leur engagement envers le Québec, les tenants des deux courants ont généralement présenté des visions différentes de la stratégie de développement la plus souhaitable pour le Québec dans un pays et un continent dominés par la culture anglaise. Les tenants du courant bleu ont surtout insisté sur la nécessité de défendre et renforcer l'identité québécoise à l'intérieur du

Québec et de promouvoir une liberté de manœuvre plus grande pour le Québec tantôt par la recherche d'une autonomie accrue au sein de la fédération canadienne, tantôt par la séparation politique. Les tenants du courant rouge ont davantage insisté sur les droits et libertés individuels, sur la nécessité d'une stratégie d'ouverture et de participation à l'endroit de la fédération canadienne et sur l'acceptation confiante de la diversité croissante qui se fait jour au Québec même.

Le Parti libéral eut longtemps comme principal adversaire le Parti conservateur. À la suite de nombreuses défaites aux mains des libéraux, celui-ci fut toutefois supplanté vers 1935 par l'Union nationale, coalition formée de conservateurs et d'anciens libéraux de tendance nationaliste et réformiste. L'Union nationale fut supplantée à son tour à compter de 1970 par le Parti québécois, constitué de militants souverainistes auxquels se joignirent des éléments de l'Union nationale et du Parti libéral gagnés à la cause de la souveraineté du Québec et séduits par sa plate-forme réformiste. Jusqu'à l'entrée en scène de l'Action démocratique, formée de libéraux déçus de leur parti à la suite du rejet du Rapport Allaire et d'éléments attirés par une plate-forme réformiste de droite, les luttes pour le pouvoir se firent, de 1970 à l'époque contemporaine, entre deux partis occupant pratiquement tout l'espace, le Parti libéral et le Parti québécois.

Vainqueur aux élections de 1939, le Parti libéral eut la redoutable tâche de gouverner le Québec pendant la Deuxième Guerre mondiale, de 1939 à 1944. À mesure que le conflit s'amplifiait, le Canada fut appelé à intensifier son engagement aux côtés des pays alliés. Mais invoquant des promesses solennelles faites par des politiciens libéraux fédéraux, les milieux nationalistes québécois s'opposèrent vivement à toute intensification de l'effort de guerre et surtout à l'imposition du service militaire obligatoire. Nonobstant

ADÉLARD GODBOUT
Il donne le droit de vote aux femmes

cette opposition, le gouvernement libéral d'Adélard Godbout considéra que le conflit mettait en jeu l'avenir de la liberté et de la civilisation. Il souscrivit sans équivoque à la participation du Canada au conflit. Il consentit aussi à des accommodements fiscaux visant à procurer au gouvernement fédéral des ressources accrues pour le financement de l'effort de guerre. Ces positions lui furent impitoyablement reprochées par ses adversaires dans les années qui suivirent. On doit reconnaître soixante ans plus tard que Godbout avait indubitablement raison quant à l'enjeu du deuxième conflit mondial. En raison de décisions controversées qu'il dut prendre, il fut néanmoins en butte à de sévères critiques au Québec. Maurice Duplessis lui reprocha de n'avoir pas été assez ferme dans la défense des intérêts du Québec. Si démagogiques qu'elles aient été, Godbout ne put jamais se remettre de ces accusations. À l'issue du conflit mondial, en 1944, le Parti libéral fut renvoyé dans l'opposition au profit de l'Union nationale.

Reporté au pouvoir avec des majorités écrasantes en 1948, 1952 et 1956, le gouvernement de l'Union nationale devint de plus en plus avec les années un régime à l'image de Maurice Duplessis. Appuyé par une puissante machine électorale, celui-ci exerça pendant seize ans une autorité très forte sur le Québec. Le règne de l'Union nationale semblait destiné à durer encore lorsque survint en 1959 la mort soudaine de son chef, suivie en 1960 du retour des libéraux au pouvoir.

Depuis 1960, l'Union nationale a dirigé le Québec pendant quatre ans (1966-1970). Le Parti québécois a formé le gouvernement pendant dix-sept ans et demi (1976-1985 et 1994-2003). Le Parti libéral a été au pouvoir pendant vingt-et-un ans. En outre, quand il n'était pas au pouvoir, le Parti libéral a toujours formé l'opposition officielle.

Chapitre 1

Les valeurs libérales

Les valeurs auxquelles le Parti libéral s'identifie tiennent, pour l'essentiel, dans la mot-clé qui le définit depuis plus d'un siècle, le mot « libéral ». Le Parti libéral tient beaucoup à ce mot. S'il a continué de l'employer depuis au-delà d'un siècle, c'est parce qu'il résume à bien des égards l'esprit dont il se réclame. Est libérale, nous disent les dictionnaires, la personne amie de tout ce qui est digne d'un être libre ; accueillante envers les idées en général, y compris les idées différentes des siennes ; ouverte à de nouvelles expériences et à des horizons inédits ; ouverte au dialogue, tolérante, généreuse ; sensible aux besoins des êtres plus faibles ; acquise à l'égalité fondamentale des êtres humains par-delà toute discrimination. Être libéral en politique, c'est mettre en pratique dans ce champ d'activité les traits qui caractérisent l'esprit libéral. C'est notamment être ouvert aux valeurs de changement et de progrès ; mettre au premier rang les valeurs de liberté, de justice et de démocratie ; être acquis à la discussion publique des enjeux et à la transparence de l'administration de la chose publique. Est contraire à l'esprit libéral, en politique comme dans tout autre champ d'activité, ce qui est étroit, mesquin, sectaire, doctrinaire, jaloux, occulte, attaché à l'ordre établi, enfermé dans des certitudes immuables, méfiant envers les libertés et opposé au progrès.

Le mot « libéral » se dit d'abord de l'individu. Il fut longtemps utilisé pour glorifier les valeurs individuelles à l'exclusion de valeurs plus larges. Mais au volet « individuel » de l'idée libérale est venu se greffer, depuis Georges-Émile Lapalme, un volet « social » non moins important. Pour le Parti libéral, la liberté et l'épanouissement de l'individu demeurent la fin première de l'action politique. Mais l'individu ne peut vivre qu'au sein d'une société qui lui apporte beaucoup et qui, en retour, attend beaucoup de lui. « *Être libéral*, a écrit Georges-Émile Lapalme, *c'est être socialement juste.* » En d'autres mots, être libéral, c'est vouloir en même temps le progrès de l'individu et celui de la société.

Il ne suffit pas de se réclamer de l'esprit libéral. La personne qui œuvre dans la politique doit chercher à déployer cet esprit au service de valeurs capables de faire avancer les libertés individuelles et le bien général de la société. Sujet à des nuances ou ajouts toujours possibles, on peut regrouper sous sept chefs différents les valeurs que privilégie le Parti libéral. Ces valeurs sont : la primauté des libertés individuelles, l'identification au Québec, l'accent sur le développement économique, l'engagement envers la justice sociale, le respect de la « société civile », l'attachement envers la démocratie et l'appartenance canadienne. Nous parlons bien de valeurs, non de principes abstraits ou de doctrines sèches. Les valeurs reposent certes sur des principes, mais elles évoquent des principes incarnés dans la vie, non des propositions coupées de la réalité. Parce qu'on sait tantôt par l'intuition, tantôt par l'expérience, tantôt par l'étude, qu'elles sont essentielles, on est prêt à les défendre au prix des plus grands sacrifices mais on n'éprouve pas le besoin de les affirmer ou de les démontrer à tout instant. Les valeurs dont il sera question dans cet essai forment un tout. C'est ensemble, et non séparément, qu'elles donnent au Parti libéral sa physionomie propre. Il ne saurait être question de ne retenir que celles que l'on aime et de laisser tomber les autres.

Chapitre 2

Les libertés individuelles

Ainsi que son nom l'indique, le Parti libéral privilégie les valeurs de liberté. Qu'il s'agisse d'un projet de loi ou de règlement ou d'un programme gouvernemental, le premier souci d'un esprit libéral est de s'assurer qu'il n'entraînera pas de restriction injustifiée aux libertés individuelles. Toute limitation des libertés, pour lui être acceptable, doit être justifiée par un bien supérieur, lequel doit être établi de manière concluante.

Cet attachement aux libertés individuelles remonte au temps de LaFontaine. Il ne doit pas être confondu, cependant, avec les doctrines rigides mises de l'avant par les partis libéraux de type européen. Le Parti libéral représente plutôt à cet égard des valeurs tirées de trois traditions différentes : la tradition européenne continentale, qui érige en doctrine la suprématie de l'individu et des valeurs de raison et de progrès ; la tradition britannique, qui met l'accent sur les libertés politiques ; et la tradition démocrate américaine, laquelle tente de concilier droits individuels et droits sociaux.

Le préjugé favorable du Parti libéral envers les libertés se manifesta avec éclat à l'occasion des nombreux changements qui marquèrent le Révolution tranquille. À la suite de la victoire des libéraux en 1960, une atmosphère de libération se répandit dans les établissements d'enseignement, les entreprises de presse, les milieux culturels, les associations syndicales. Dans la plupart des secteurs de l'activité collective, les contrôles qui avaient longtemps sévi cédèrent le pas à une permissivité quasi illimitée. L'abolition de la censure du cinéma, la pénétration du syndicalisme dans les établissements de santé et d'enseignement, et le transfert de la plupart de ces établissements du secteur privé au secteur public, illustrent le vent de liberté qui souffla alors sur le Québec.

Le Parti libéral a été le principal artisan des changements qui ont entraîné la reconnaissance de l'égalité de l'homme et de la femme dans la société québécoise. Dès 1940, Adélard Godbout, passant outre aux objections de l'autorité ecclésiastique, avait instauré le suffrage féminin. Plus tard, sous Jean Lesage et Robert Bourassa, l'égalité de droits et de devoirs de l'homme et de la femme dans le mariage fut inscrite dans le Code civil. L'égalité de droits des conjoints dans le partage des acquêts lors de la dissolution du mariage fut également affirmée dans une loi adoptée sous un gouvernement libéral. Plus récemment, le Parti libéral fut le premier parti à inscrire à son programme la reconnaissance, pour fins civiles, de l'union entre personnes du même sexe.

L'engagement du Parti libéral envers les libertés individuelles a trouvé son expression la plus complète, la plus durable et la plus riche d'implications dans l'adoption en 1975, sous un gouvernement dirigé par Robert Bourassa, de la *Charte québécoise des droits et libertés de la personne*. Droits et libertés fondamentaux, droits politiques, droits à l'égalité, droits judiciaires, droits économiques et sociaux. Tous les droits dont traitent ailleurs les documents de ce genre sont protégés dans la Charte. Celle-ci jouit en outre d'un statut exceptionnel. Elle a en effet préséance sur toute autre loi statutaire. En outre, le Parti libéral a toujours été favorable en principe à l'insertion d'une charte des droits et libertés dans la Constitution canadienne. Dès 1980, il s'était prononcé dans le Livre beige en faveur d'une telle mesure. S'il n'a toujours pas donné son adhésion à la *Loi constitutionnelle de 1982*, ce n'est pas en raison d'objections qu'il pourrait avoir à l'encontre de la Charte canadienne, mais plutôt à cause de la manière unilatérale, et blessante pour le Québec, dont fut adoptée la *Loi constitutionnelle de 1982*. La position du Parti libéral diffère à cet égard de celle du Parti québécois, lequel rejette la Charte canadienne parce qu'il rejette le pays canadien.

Tout en reconnaissant qu'il y a lieu de protéger la langue française par une loi fondamentale, le Parti libéral a toujours été d'avis que la *Charte de la langue française* doit, sauf motif grave, être appliquée dans le respect des droits et libertés individuels. Un conflit majeur ayant surgi entre les deux chartes en relation avec l'affichage commercial et les raisons sociales, le Parti libéral opta pour une ligne de conduite opposée à celle du Parti québécois. Les tribunaux canadiens et le Comité des droits de l'homme de l'ONU avaient conclu que certaines dispositions de la *Charte de la langue française* étaient incompatibles avec la liberté d'expression garantie par la *Charte québécoise des droits et libertés de la personne* et la *Charte canadienne des droits et libertés*. Le gouvernement libéral de l'époque s'accorda d'abord un délai de cinq ans, pour y voir clair, ainsi que l'y autorisaient les deux chartes québécoise et canadienne de droits et libertés. À l'expiration du délai, en 1993, il fit adopter une loi modifiant la *Charte de la langue française* de manière à la rendre conforme aux chartes de droits et libertés. Mais le Parti québécois vota contre cette loi.

En plus de promouvoir les libertés individuelles, le Parti libéral a été appelé à se pencher à maintes reprises, au cours des dernières décennies, sur les droits et libertés collectifs de groupes de citoyens. Non contentes de voir leurs droits individuels reconnus, de nombreuses personnes veulent aussi que leurs droits soient reconnus en leur qualité de membres de telle association ou de tel regroupement de personnes. Le syndicalisme offre la forme la plus familière de ce type de revendication. Les travailleurs estiment à juste titre que leurs droits collectifs doivent être légalement reconnus et protégés pour qu'ils soient en mesure de négocier leurs conditions de travail sur un pied d'égalité avec les employeurs. Il existe aussi d'autres formes de droits collectifs, notamment les droits scolaires reconnus aux minorités de langue officielle dans la *Loi constitutionnelle de 1982* et les pouvoirs législatifs que détient l'Assemblée nationale au nom du peuple québécois au sein de la fédération canadienne. De manière générale, le Parti libéral s'est montré favorable à la reconnaissance de certains droits collectifs. Il lui est toujours apparu, cependant, que les droits collectifs sont davantage acceptables quand ils s'inscrivent en prolongement de droits individuels reconnus et quand ils sont exercés sous des formes qui ne suspendent ou ne réduisent les libertés individuelles que dans des limites raisonnables et démontrables à la satisfaction des tribunaux.

Les gouvernements libéraux n'ont pas hésité dans cette perspective à réprimer divers abus auxquels a pu conduire l'exaltation débridée de droits collectifs, notamment dans le domaine des relations de travail. Sous les gouvernements dirigés par Robert Bourassa, en particulier, de nombreux arrêts de travail paralysèrent le fonctionnement de services publics jugés essentiels dans des secteurs aussi vitaux que la police, la protection contre les incendies, la santé, les hôpitaux, l'éducation et la fonction publique. L'Assemblée nationale dut intervenir pour obliger, sous peine de lourdes sanctions dans certains cas, les travailleurs en grève à reprendre le travail. L'exercice du droit collectif avait dépassé dans ces cas la mesure acceptable. Le Parti québécois, quand il siégeait dans l'Opposition, a généralement voté contre ce type de loi d'urgence. Au pouvoir, il s'est vu contraint lui aussi de recourir à des lois d'urgence afin de mettre fin à des conflits qui lésaient dangereusement l'intérêt public.

L'identification au Québec

Le Parti libéral était sorti de la Deuxième Guerre mondiale avec une crédibilité « québécoise » affaiblie. Après avoir heurté de front des secteurs importants de l'opinion, il devait convaincre la population que son premier engagement était envers le Québec. Cette lourde responsabilité échut à Georges-Émile Lapalme (1950-1958) et Jean Lesage (1958-1970). Lapalme et Lesage avaient évolué sur la scène fédérale avant de venir à Québec. Ils eurent fort à faire pour dissocier le Parti libéral de l'image d'assujettissement au grand frère fédéral qui lui avait été accolée par ses adversaires. Leurs efforts ne furent pas vains.

Lapalme et Lesage entreprirent en premier lieu de doter le Parti libéral de structures de participation et de direction complètement distinctes de celles du Parti libéral

GEORGE–ÉMILE LAPALME
Père de la Révolution tranquille

fédéral. Depuis 1955, le Parti libéral est un parti distinct et autonome vis-à-vis de la section québécoise du Parti libéral du Canada. L'appartenance à chaque parti est libre et il arrive en conséquence qu'un bon nombre de personnes veuillent être membres de l'une et l'autre formation. Chaque parti a cependant sa vie propre, ses structures distinctes et autonomes, ses orientations, ses méthodes de travail souvent fort différentes. Le Parti libéral du Québec tient sa légitimité de la volonté de ses propres membres réunis en assemblées régulières. Il élit démocratiquement ses dirigeants. Il arrête seul ses orientations, sans ingérence de l'extérieur.

En second lieu, il fallait établir sur des bases solides le financement autonome du Parti libéral. Au temps de Jean Lesage, il y avait encore des chevauchements dans les démarches de financement du parti provincial et du parti fédéral. Il arrivait que la même personne soit ou s'estime mandatée pour solliciter des fonds au nom des deux partis. Mais il ne reste plus de traces de cela depuis longtemps. Dès 1980, la campagne référendaire du Non fut entièrement financée par le Parti libéral du Québec, à même ses propres cueillettes de fonds auprès de la population. Le Parti libéral du Canada ne versa pas un sou à la caisse de la campagne. Agissant en conformité avec la législation québécoise sur le financement des partis, le Parti libéral assume année après année, avec le seul concours de ses membres et sympathisants, la responsabilité de son financement. Il appartient à ses membres, à personne d'autre.

Le plus important changement apporté par Georges-Émile Lapalme, Jean Lesage, Robert Bourassa et les autres chefs qui se sont succédé à la direction du Parti libéral au cours du dernier demi-siècle s'est cependant produit au plan des orientations et des idées. Tout en étant fédéraliste, le parti s'est en effet identifié de plus en plus nettement aux attentes et aux besoins du peuple québécois. Il s'est employé à en mieux connaître et comprendre les besoins et les aspirations. Il a surtout cherché à les traduire en des propositions constructives centrées sur l'intérêt du Québec et de sa population. De ce travail d'approfondissement, sont issues des expressions nouvelles telles que « l'État du Québec », « le Québec, société distincte », « statut particulier », « droit de retrait », « fédéralisme renouvelé », qui font désormais partie du vocabulaire politique courant.

Le Québec est une société établie sur un vaste territoire. Il comprend des régions nombreuses, dont chacune a son histoire, sa culture, son mode de développement économique et social, ses particularismes et surtout ses problèmes et ses aspirations. Un défi majeur du Parti libéral a toujours consisté à s'identifier avec chacune de ces régions. Cela lui est difficile car il a traditionnellement tiré sa force des appuis solides qu'il compte dans la région métropolitaine de Montréal. Les quatre victoires de Robert Bourassa en 1970, 1973, 1985 et 1989, ainsi que celle de Jean Charest en 2003 furent néanmoins remportées avec l'appui de la grande majorité des régions du Québec. Avec une direction éclairée et capable d'écoute, un programme adapté à leurs besoins et des candidats solidement enracinés dans leur milieu, le Parti libéral est capable de gagner la confiance des régions.

L'identification avec le Québec passe d'abord par l'identification avec sa majorité francophone. Elle postule que l'on assume les aspirations de cette majorité, ainsi que son histoire, sa langue et sa culture, ses institutions, ses modes de vie et ses particularismes. Le Parti libéral a reconnu le caractère propre que sa majorité francophone imprime à la société québécoise en prenant l'engagement de veiller à toujours affirmer et défendre le caractère français du Québec, et surtout en étant lui-même un parti à forte prépondérance francophone, sans préjudice toutefois de l'égalité de droits de tous ses membres. Il l'a également reconnu en faisant de la langue française la langue officielle du Québec par la loi 22 en 1974, en mettant en honneur la qualité de l'apprentissage du français dans le système d'enseignement et en favorisant l'essor du français dans tous les secteurs, en particulier dans la vie économique, où des leaders francophones dynamiques et compétents s'imposent de plus en plus.

Le Québec compte aussi dans son sein une communauté anglophone. Celle-ci possède de solides assises historiques. Elle dispose d'un réseau important d'institutions d'excellente qualité dans les domaines de l'économie, de l'enseignement, de la culture, de la santé, des services sociaux et des communications. Ses membres sont présents dans à peu près tous les secteurs d'activité. Habitué depuis longtemps à cohabiter avec elle, le Parti libéral reconnaît et respecte les droits de la communauté de langue anglaise. Il veille à ce que ses institutions subventionnées reçoivent un traitement équitable. Il compte aussi plusieurs membres de la communauté anglophone au sein de sa députation à Québec. Les membres de cette communauté sont pour le Parti libéral des citoyens québécois à part entière. Ils ont au regard de la loi les mêmes droits et les mêmes responsabilités que tous les autres.

Le Québec fait en outre partie d'un pays où deux langues, le français et l'anglais, jouissent au plan fédéral d'un statut officiel d'égalité. Le Canada compte de plus dans sa population un million de francophones vivant en situation minoritaire dans des provinces et territoires à majorité anglophone. Dans ce contexte canadien, le Parti libéral ne saurait approuver une attitude de méfiance, voire d'hostilité envers la langue anglaise, ou encore une attitude qui consisterait à considérer la langue anglaise comme une langue étrangère au même titre que le russe, l'espagnol ou l'allemand. Le Québec est en outre situé sur le continent nord-américain, où domine massivement la langue anglaise. Certains voient dans cette situation un danger d'assimilation contre lequel il faut protéger le Québec par des contraintes de toute sorte. Le Parti libéral y voit plutôt un défi devant lequel une réponse positive s'impose. Cette réponse doit consister dans l'acceptation lucide d'une double règle d'excellence, une selon laquelle les Québécois doivent exceller dans leur langue première, le français, et une seconde selon laquelle ils doivent être capables de communiquer efficacement dans la langue anglaise. D'où l'importance qu'avec l'appui des parents mais le plus souvent contre l'opposition intransigeante de ses adversaires, le Parti libéral a toujours attachée à l'amélioration de l'apprentissage de l'anglais langue seconde et à une juste reconnaissance de la place de l'anglais dans la vie collective du Québec.

On ne saurait ignorer la présence sur le territoire québécois de 11 nations autochtones (Abénaquis, Algonquins, Attikameks, Cris, Hurons-Wendat, Malécites, Innus, Mohawks, Inuits, Naskapis, Micmacs). On compte au Québec quelque 75 000 personnes déclarant une identité autochtone ; à ce nombre, il faut ajouter au moins 50 000 autochtones vivant hors réserve. Les peuples autochtones ont chacun leurs traditions, leur culture et leur histoire solidement ancrée dans celle du territoire québécois. Ils tiennent à la reconnaissance de leur identité respective et à l'acceptation des droits et libertés qui doivent selon elles en découler. Le Parti libéral a reconnu à diverses reprises le bien-fondé de l'aspiration des peuples autochtones à une mesure substantielle de gouvernement autonome. Au pouvoir, il a favorisé la négociation d'ententes à cette fin. L'Entente de la Baie James fut un premier pas majeur dans cette direction. Elle fut suivie de nombreuses autres initiatives, dont plusieurs sous les gouvernements subséquents, autant libéraux que péquistes. À ces dernières, le Parti libéral a donné son accord.

Le Québec est enfin une terre d'accueil pour des milliers d'immigrants. Loin d'avoir peur de ceux-ci, les gouvernements libéraux les ont traditionnellement accueillis en plus grand nombre, dans un esprit qui se voulait ouvert. Le Parti libéral souhaite que les immigrants s'intègrent harmonieusement à la vie commune. Mais il accepte qu'ils le fassent à leur rythme, non à celui des bureaucrates gouvernementaux ou des politiciens. Il accepte aussi que cette intégration se fasse avec la collaboration active des communautés culturelles. Il entretient depuis longtemps des rapports de collaboration amicale avec ces communautés culturelles. Il s'enorgueillit aussi de compter dans ses rangs, à tous les niveaux de responsabilité, de nombreux membres de ces communautés. Les communautés culturelles sont très présentes au sein du Parti libéral. Elles comptent plusieurs députés parmi la députation libérale à Québec.

Le Parti libéral, par son acceptation de la diversité et sa longue expérience de la communauté anglophone et des milieux néo-québécois, est mieux préparé que tout autre à faciliter l'émergence harmonieuse, dans le contexte nouveau d'aujourd'hui, d'un Québec dont il faut veiller à ce que sa langue dominante demeure le français, mais dont une caractéristique de plus en plus grande semble devoir être la multiplicité des origines, des cultures et des opinions et où, en conséquence, les politiques culturelles devront de plus en plus être conçues et appliquées avec compréhension et modération. Une nette différence se manifeste à cet égard entre le Parti québécois et le Parti libéral dans l'usage que chacun fait du mot « nation ». Le Parti libéral reconnaît volontiers que les Québécois forment une nation au sens culturel et sociologique du terme. Mais conscient que, même pour désigner la réalité intérieure du Québec, le mot « nation » donne lieu à plus d'un malentendu, il évite de l'utiliser d'une manière qui pourrait être comprise comme opposant la majorité francophone aux autres communautés qui forment aussi la société québécoise. Il évite aussi d'opposer la « nation québécoise » et la « nation canadienne » comme si le mot « nation » voulait dire la même chose dans les deux cas. La « nation canadienne » réfère pour le Parti libéral à une entité politique comprenant plus d'une « nation » au sens culturel et sociologique du terme. Le Québec constitue l'une de ces « nations », avec tous les droits inhérents à cette qualité, y compris le droit à l'autodétermination. Mais le Québec n'est pas et ne peut pas être, dans le cadre fédéral canadien, une nation politique au sens plénier du terme. À moins d'un changement de régime constitutionnel, nul ne peut empêcher les Québécois de vouloir faire partie de plein droit, à titre autant individuel que collectif, de la nation politique canadienne en même temps qu'ils font partie de la nation socioculturelle qu'est le Québec et qu'ils réclament pour celle-ci toute la marge de liberté dont elle a besoin au sein de la fédération canadienne. D'où l'absence de dogmatisme et la réserve prudente du Parti libéral quand il s'agit d'utiliser le mot « nation ». « *À la grande question : le Québec est-il une nation? Il faut répondre oui* », disait Jean Charest au lancement d'un livre sur la nation québécoise publié par *Le Devoir* en 2000. Mais la nation québécoise est une nation pluraliste, ajoutait-il. « *Pour respecter ce pluralisme, le concept de nation doit dépasser largement les considérations partisanes et la question nationale. Il ne doit pas être pris en otage au profit d'une option ou d'une autre. Tant pour les souverainistes que pour les fédéralistes, c'est un concept que l'on doit mettre à l'abri des luttes politiques. Il ne doit pas être érigé en rempart en aucun cas.* » (Allocution à l'occasion du lancement du livre *Penser la nation québécoise*, 10 avril 2000)

Le Parti québécois s'obstine en contrepartie à employer le mot « nation » à toutes les sauces. Pour lui, les Québécois ne forment pas seulement une nation au sens culturel et social. Dans son esprit, ils sont déjà une nation au sens politique. Sur cette base ambiguë, le Parti québécois véhicule une vision du Québec qu'il souhaite large mais qui exclut au départ les communautés anglophone, culturelles et autochtones, dont la grande majorité des membres se font une autre conception de la nation et du pays. Appliquée à l'intérieur du Québec, l'idée péquiste de la nation soulève de non moindres difficultés. Même si ses tenants l'enrobent dans des termes empruntés au langage du nationalisme dit civique, elle véhicule en réalité des objectifs assimilateurs qui tiennent leur inspiration d'une conception jacobine de la nation et du pays.

Chapitre 4

Le développement économique

L e Parti libéral s'est constamment engagé à promouvoir simultanément le développement économique et le développement social du Québec. Parce qu'il crée la richesse sur laquelle une société doit s'appuyer pour financer son développement social, le développement économique a été une préoccupation majeure pour tous les gouvernements libéraux à l'ère moderne.

Dès 1960, Jean Lesage avait mis de l'avant trois idées maîtresses dont s'est constamment inspiré le Parti libéral depuis ce temps. Il fallait d'abord mettre fin au règne de l'improvisation en matière économique et implanter dans ce domaine une planification fondée sur le concours des meilleures compétences. Il fallait en second lieu, comme le proclamait le slogan « *Maîtres chez nous* » en 1962, rapatrier au Québec même, dans toute la mesure du possible, le contrôle de notre économie. Il fallait enfin doter le Québec d'un véritable État moderne.

Une fois au pouvoir, le gouvernement Lesage procéda à la nationalisation de 11 entreprises privées d'électricité et à leur intégration dans le réseau d'Hydro-Québec, à la création d'un Conseil d'orientation économique (jugé nécessaire à l'époque pour assurer une meilleure planification du développement économique), à la création de la Caisse de dépôt et placement, à la modernisation des infrastructures publiques en matière de transport et à la réorganisation des ministères à vocation économique. De nombreuses sociétés d'État furent aussi créées afin de servir d'instruments de développement dans des secteurs jugés névralgiques (mines, agriculture, pêches). Pour la première fois depuis des décennies, le ministère des Finances fut placé sous la direction d'un titulaire francophone, le Premier ministre lui-même. Les rapports traditionnels du gouvernement avec les milieux financiers furent modifiés de manière à faire une place plus équitable aux institutions et aux professionnels francophones.

Devenu chef du Parti libéral en 1970, Robert Bourassa entreprit sa première campagne en s'engageant à créer 100 000 emplois. La promesse parut téméraire à plusieurs mais lorsqu'il déclencha des élections générales au cours de la troisième année du premier mandat, plus de 100 000 emplois avaient effectivement été créés. Robert Bourassa voulait signifier par cet engagement l'importance primordiale qu'il attachait au développement économique. Cet intérêt pour l'économie fut un trait dominant de ses quatre mandats à la tête du gouvernement.

La décision la plus remarquable de Robert Bourassa au plan économique fut sans doute l'option pour l'énergie hydroélectrique, qu'il retint de préférence à l'énergie nucléaire. Invoquant des arguments économiques, Jacques

ROBERT BOURASSA
Le Père de la Baie James

Parizeau préconisait l'énergie nucléaire. Il sous-estimait lourdement les risques que présentait cette option au plan écologique. Robert Bourassa opta plutôt pour la mise en valeur des ressources hydroélectriques du Québec et lança le chantier de la Baie James. Grâce à cette décision, le Québec dispose maintenant de sources abondantes d'énergie propre, dont une partie est exportée avec des bénéfices appréciables.

Sauf quand il fallut, au début des années 90, faire face à une conjoncture nord-américaine nettement défavorable, les années où le Parti libéral a exercé le pouvoir ont contribué à réduire les écarts qui séparaient traditionnellement le Québec des autres provinces en matière de revenu personnel, d'investissement et d'emploi. La stratégie du Parti libéral a toujours privilégié l'exploitation rationnelle de nos ressources naturelles (forêts, eau, sous-sol minier, terres agricoles), et leur transformation au Québec. Vint s'ajouter à cette préoccupation dominante au cours des mandats de 1985 et 1989, une attention prioritaire au développement des nouvelles technologies. On trouve aujourd'hui au Québec de nombreuses entreprises qui sont à la fine pointe de la technologie dans des domaines comme l'aéronautique, l'industrie pharmaceutique, la recherche en biotechnologie, les communications ou l'informatique. La multiplication des réalisations en ce domaine est en grande partie le fruit de politiques mises de l'avant sous les deux derniers mandats de Robert Bourassa.

Le Parti libéral a historiquement refusé de se lier à des orientations doctrinaires en matière économique. D'où les réserves qu'il a maintes fois exprimées à l'endroit d'un néolibéralisme rigide selon lequel les lois économiques devraient être la norme de toute activité. Selon cette même idéologie, les lois du marché devaient être laissées à elles-mêmes et l'État devrait être ramené à des tâches de gendarmerie et d'entretien des routes, tandis que les décisions en matière de développement économique seraient le fait de grands décideurs privés sous-traits à son contrôle.

Le Parti libéral est convaincu que, sujet à de nécessaires encadrements législatifs et réglementaires, l'entreprise privée est et doit être le premier moteur de l'activité économique. Les libertés économiques sont à ses yeux le corollaire indispensable de la liberté tout court. À quoi bon être libre si l'on n'est pas libre d'entreprendre ? Le Parti libéral favorise au premier chef les petites et moyennes entreprises. En plus de mettre directement en valeur les qualités de création propres au chef d'entreprise, ces entreprises fournissent à elles seules plus des trois quarts des emplois au Québec. Elles ont droit en conséquence à l'attention et au soutien de l'État. À travers divers programmes, l'appui de l'État leur a été procuré en abondance par le Parti libéral. Ici comme ailleurs, cependant, on en est venu à la conclusion, sous le dernier gouvernement de Robert Bourassa et sous le gouvernement de Jean Charest, que les programmes d'aide financière directe et inconditionnelle finissent par engendrer la dépendance et l'irresponsabilité. La politique du Parti libéral consiste désormais à soutenir l'entreprise privée par des moyens indirects tels l'accès au crédit, la participation au capital de risque, l'aide à la formation du personnel et le soutien à l'innovation, plutôt que par des subventions pures et simples. Tout en ayant une attention particulière pour les petites et moyennes entreprises, le Parti libéral n'est pas indifférent pour autant à l'apport de la grande entreprise. Celle-ci fournit des milliers d'emplois et est souvent une source importante d'innovation. Dans les régions où elle est implantée, son activité a des effets d'entraînement importants. Les entreprises qui exploitent nos ressources naturelles ont cependant des responsabilités particulières envers la ressource elle-même et envers leur main-d'œuvre. Le Parti libéral le leur a souvent rappelé par des lois et règlements quand il le jugeait nécessaire.

Parmi les entreprises du secteur privé, celles qui poursuivent un but social en plus de chercher à réaliser un profit intéressent vivement le Parti libéral. Ceci est particulièrement vrai des entreprises coopératives, notamment les caisses populaires Desjardins et les coopératives agricoles, lesquelles, tout en fonctionnant généralement sous des règles apparentées à celles de l'entreprise capitaliste, reposent sur un mode de propriété en vertu duquel chaque sociétaire dispose d'un vote, quels que soient son nombre de parts ou sa participation au chiffre d'affaires de l'entreprise. Les entreprises qui forment le secteur social de l'économie sont de fondation relativement récente. Il leur appartient de faire la preuve de leur viabilité. Le Parti libéral est cependant d'avis qu'à ce stade de leur développement, elles doivent pouvoir compter sur l'appui éclairé du gouvernement.

Le rôle de l'État doit surtout consister, aux yeux du Parti libéral, non à créer ou diriger des entreprises, mais à créer des conditions propices au développement ordonné de la libre entreprise. Le Parti libéral préfère cependant laisser ouverte la possibilité d'interventions ponctuelles du gouvernement dans la propriété et la gestion d'un nombre limité d'entreprises dont l'objet a un lien direct avec l'intérêt général. Hydro-Québec, la Caisse de dépôt et placement, la Société des alcools, la Société générale de financement, Loto-Québec, Télé-Québec, autant d'exemples d'implication du gouvernement dans des entreprises. Ces interventions furent justifiées à l'origine et peuvent l'être encore aujourd'hui dans certains cas par des considérations liées à l'intérêt général.

Mais les raisons qui ont pu être valables hier pour justifier l'implication directe de l'État dans diverses formes d'entreprises ne le sont pas nécessairement aujourd'hui. La conjoncture économique n'est plus la même : la raréfaction des ressources énergétiques, les changements survenus dans les communications, la mondialisation sous ses diverses formes,

ont bouleversé les règles des échanges. Pour demeurer con-
currentiel dans un monde où l'interdépendance est la règle,
chaque État doit réviser ses manières de faire, réduire ses
coûts, éliminer les boursouflures héritées d'une période révo-
lue et faire de plus en plus confiance à la liberté et à l'esprit
d'initiative des citoyens. Dans ce contexte nouveau, il ne doit
pas y avoir de vaches sacrées. Une révision périodique des
interventions de l'État doit figurer à l'ordre du jour de tout
gouvernement consciencieux. À titre d'exemple, le gouvernement de Robert Bourassa avait conclu, après révision, que
plusieurs entreprises d'État devaient être réintégrées dans le
secteur privé. Entre 1985 et 1994, il procéda à plusieurs priva-
tisations. Jean Charest créa beaucoup d'émoi quand il fut le
premier chef politique à oser dire que le modèle québécois de
développement n'était pas une réalité immuable. Mais
aujourd'hui, rares sont ceux qui ne tiennent pas un langage
semblable.

Pour que leur apport au développement économique se
fasse dans les meilleures conditions, le Parti libéral requiert
enfin des entreprises, tant du secteur privé que du secteur
public, et ce depuis plusieurs décennies :

a) qu'elles traitent avec respect leur personnel, qui est
leur ressource la plus précieuse. En vertu de lois adoptées
sous des gouvernements libéraux, tout employeur est tenu
d'accorder à ses salariés des conditions minimales de travail,
y compris un salaire minimum fixé par règlement du gouvernement. Il doit également accepter, sous peine de sanctions,
que ses salariés usent, à l'abri de toute contrainte ou menace,
de leur droit à la libre négociation de leurs conditions de travail par l'intermédiaire d'un syndicat. Loin d'exclure cette
possibilité, sans toutefois prétendre l'imposer, le Parti libéral
est aussi favorable à la participation des salariés à l'actionna-
riat de l'entreprise ;

b) que, compte tenu des conditions inhérentes au contexte nord-américain, elles reconnaissent le droit de leurs salariés francophones à travailler dans leur langue ;

c) que, là où elles exploitent une ressource naturelle, elles l'exploitent suivant les normes les plus propices à son renouvellement si elle est renouvelable et de manière à en tirer profit le plus longtemps possible si elle n'est pas renouvelable ;

d) qu'elles observent, dans leur planification, leurs activités productives et leurs programmes de développement, les normes définies par les lois et les règlements en matière d'environnement et que, de manière générale, elles évitent les modes de production et les activités susceptibles d'avoir des effets défavorables au plan écologique. Dès 1972, le Québec fut doté par un gouvernement libéral d'une première loi en matière de protection de l'environnement. Cette loi portait sur l'ensemble des problèmes liés à la protection de l'environnement : air, eau, sols, pollution automobile, sites contaminés, édifices désaffectés.

Dans une perspective libérale, le développement des régions doit aussi être une dimension essentielle du développement économique. « *Le Québec qu'on va bâtir ensemble,* affirme Jean Charest, *c'est le Québec des régions, c'est le Québec de l'ensemble des régions du Québec. Aucune région du Québec ne mérite de manquer le train de la prospérité (…) Le Québec que je veux bâtir avec vous, c'est un Québec qui décentralise les pouvoirs de décision, qui procure à nos régions les outils dont elles ont besoin pour assumer leur développement économique et social.* » (Discours au Conseil général du PLQ, 31 mai 2002).

Chapitre 5

La justice sociale

Une société où l'accent serait mis exclusivement sur l'exaltation des valeurs individuelles deviendrait vite une société égoïste. Tôt ou tard, elle serait livrée à la domination de ses membres les plus forts, au détriment de ses membres plus faibles. Sans être nécessairement pauvres, de nombreuses personnes et ménages à faibles revenus seraient privés de l'accès à des biens tels l'instruction et les soins de santé, qu'ils ne peuvent se procurer par leur seule initiative. Une mise en commun des ressources est ainsi nécessaire pour que soient assurés une égalité raisonnable des chances pour tous et un minimum de justice à l'échelle de la société.

Afin que toutes les personnes aient une chance raisonnable de se développer dans la mesure de leurs talents et de leurs aspirations, il faut que soit procuré à chacune l'accès à un minimum de biens indispensables. Le contenu de ce minimum de biens varie selon le degré de développement et de conscientisation politique de chaque société. Au Québec, grâce principalement à l'influence exercée par le Parti libéral, ce minimum a été élargi au cours des dernières décennies. Il inclut le droit de toute personne, à l'abri de toute discrimination, à des services de santé gratuits, à l'enseignement primaire, secondaire et collégial gratuit, à l'aide financière de l'État en cas de dénuement, à l'aide financière de l'État pour la poursuite d'études postsecondaires, à diverses mesures de soutien au logement, à un revenu de retraite assuré, et ce en sus de la protection disponible au titre de programmes fédéraux tels l'assurance-emploi, les prestations fiscales pour enfants, les pensions de vieillesse et le supplément de revenu pour personnes âgées.

En matière d'éducation, avant la Révolution tranquille, une majorité de la population n'avait même pas la chance de compléter une formation secondaire. Le Parti libéral s'était engagé à donner un vigoureux coup de barre du côté de la démocratisation du système d'enseignement. Il tint parole. Dès 1960, l'éducation devint un chantier prioritaire. Une commission d'enquête fut créée pour faire le point sur l'état du système et soumettre des recommandations. Dans le sillage du Rapport Parent, un ministère de l'Éducation fut créé en 1964 et des réformes furent instituées à tous les niveaux du système d'enseignement. Pour la première fois, l'État québécois assumait pleinement sa responsabilité en éducation.

Les fruits de ces politiques sont facilement observables. Le niveau de scolarité de la population québécoise est devenu l'un des plus élevés en Amérique du Nord. Le taux de fréquentation de l'enseignement collégial et universitaire a aussi connu une progression spectaculaire. Longtemps laissées pour compte en matière d'accès à une formation supérieure, les femmes sont désormais majoritaires dans les inscriptions à l'enseignement collégial et universitaire. Toute personne qui en a les aptitudes et le goût peut maintenant accéder gratuitement à une formation secondaire et collégiale à titre d'étudiant régulier. La gratuité de l'enseignement universitaire ayant été jugée trop coûteuse, des droits de scolarité demeurent exigibles des étudiants. Toutefois, l'accès à un régime d'aide financière est disponible pour les étudiants de niveau collégial ou universitaire et ceux du secondaire professionnel.

Sous prétexte d'élargir l'accès à l'éducation, certains proposent de verser aux familles des bons d'éducation que celles-ci pourraient utiliser pour inscrire leurs enfants à l'école de leur choix. Attrayante à première vue, cette proposition témoigne d'une sérieuse méconnaissance de la réalité. Elle ignore qu'en vertu de la loi actuelle, les parents peuvent choisir pour leurs enfants l'école publique de leur choix. Elle ignore aussi que, grâce à l'existence d'un secteur privé généreusement subventionné, les parents québécois bénéficient d'une liberté de choix plus étendue que partout ailleurs en Amérique du Nord. Cette proposition témoigne aussi d'une connaissance dangereusement superficielle des expériences en cours aux États-Unis. Dans la république voisine, les bons d'étude ne sont accordés, dans les États où cette mesure existe, qu'aux parents d'enfants fréquentant des écoles publiques dont la performance est nettement inférieure à la moyenne. Ils ne bénéficient ainsi qu'à environ 1 % des élèves. L'implantation généralisée d'une telle mesure au Québec entraînerait pour l'organisation du réseau scolaire public des perturbations pédagogiques et administratives dont ses promoteurs ne semblent avoir aucune idée.

Le soutien à la vie des arts et des lettres, et à la culture en général, figure désormais au programme de toute politique digne

Le programme de l'Équipe du tonnerre. 1960

de ce nom. Le Parti libéral se distingua dès le début du siècle dernier par son intérêt pour ce secteur d'activité. En plus d'avoir été à l'origine de plusieurs institutions, tel le Conservatoire de musique, qui ont formé des générations d'artistes, les gouvernements dirigés par le Parti libéral ont généralement témoigné concrètement de leur intérêt pour la vie de l'esprit. On doit à Georges-Émile Lapalme la création du ministère des Affaires culturelles, devenu le ministère de la Culture sous le dernier gouvernement Bourassa. On doit aussi à ce dernier gouvernement les lois 78 et 90 procurant une protection minimale aux artistes en matière de conditions de travail; l'augmentation substantielle des budgets consacrés au soutien des activités culturelles; l'exemption de la taxe de vente sur les achats de livres; et la création d'un Conseil des arts et lettres grâce auquel l'aide financière du gouvernement aux artistes peut être distribuée à l'abri de toute ingérence politique.

En matière de santé, il fallait naguère s'en remettre au dévouement des communautés religieuses et des professionnels de la santé, en particulier des médecins, pour veiller à ce que les personnes à revenus modestes bénéficient de soins médicaux ou hospitaliers. Les personnes de condition modeste étaient particulièrement désavantagées par ce régime. Des situations d'endettement écrasant en découlèrent dans des milliers de foyers. L'assurance-hospitalisation, instituée par Jean Lesage en 1962, et l'assurance-santé, instituée par Robert Bourassa en 1970, avec la participation financière du gouvernement fédéral dans les deux cas, ont mis fin à ce régime dont les coûts étaient devenus trop lourds pour les individus et les familles à revenu modeste ou moyen. La santé est justement devenue au Québec un service public. Le chef actuel du Parti libéral, Jean Charest, a rejeté à plusieurs reprises l'idée d'un système de santé à deux vitesses où il y aurait une médecine pour les riches et une autre pour les pauvres. Certains voudraient qu'il y ait un système de santé pour le monde ordinaire et un autre, sans doute plus raffiné et plus facile d'accès, pour ceux qui peuvent se le payer. Cette proposition, si elle était retenue, entraînerait toutefois de sérieuses distorsions dans le partage, la localisation et l'accessibilité des soins. Ce sont les gens ordinaires qui, à la longue, paieraient le prix de ces distorsions en ayant plus difficilement accès à divers services.

En matière de sécurité du revenu, deux mesures de base doivent leur origine à des gouvernements libéraux :

a) le ***Régime de rentes du Québec,*** grâce auquel chaque travailleur cotisant, sur la base de contributions versées pendant sa carrière active, est assuré de toucher un revenu minimum à sa retraite. Le Québec s'était sagement réservé sous Jean Lesage la gestion des énormes capitaux engendrés par les épargnes retenues à même les chèques de paie pour les fins du Régime de rentes. Il créa à cette fin la Caisse de dépôt et placement. Celle-ci est aujourd'hui l'une des plus puissantes institutions financières au Canada ;

b) le régime de ***soutien du revenu*** à l'intention des personnes et ménages démunis, grâce auquel les personnes et les ménages qui ne disposent pas d'un revenu d'emploi et n'ont pas accès au régime fédéral d'assurance-emploi ont accès à un soutien financier de l'État. Institué sous sa forme moderne par Jean Lesage, le régime de soutien du revenu a connu d'importantes modifications. Parmi les plus significatives, il faut compter celles qui furent effectuées en 1989 par un gouvernement libéral. La réforme de 1989 permit de hausser le niveau des prestations versées aux ménages vraiment démunis. Mais elle aida aussi à rayer des listes de nombreux bénéficiaires qui n'avaient pas droit à l'aide financière de l'État. Elle accorda en outre la parité de traitement aux jeunes âgés de 18 à 30 ans et haussa les prestations versées aux personnes ayant charge d'enfants d'âge préscolaire. Son effet le plus durable aura été de mettre l'accent sur l'incitation au travail et sur la nécessité de mesures de soutien et de formation à l'intention des prestataires en instance de réinsertion dans le marché du travail.

La qualité des services offerts en éducation et en santé a gravement souffert des coupures souvent effectuées sans discernement par les gouvernements Bouchard et Landry. La diminution de l'aide accordée aux bénéficiaires de l'aide sociale incapables de s'insérer dans le marché de l'emploi, la désinstitutionnalisation sauvage des pensionnaires des hôpitaux psychiatriques, la détérioration des services offerts aux élèves en difficulté d'apprentissage dans les écoles : autant de mesures dont les effets négatifs continueront longtemps de se faire sentir. Tous deux ayant l'expérience du gouvernement, il y a néanmoins accord tacite entre le Parti québécois et le Parti libéral sur la nécessité de maintenir l'essentiel des acquis de la Révolution tranquille en matière d'accès aux services de santé et d'éducation et de sécurité du revenu. « *En matière sociale*, a dit Jean Charest, *le principe fondamental posé par les libéraux est sans équivoque. La croissance économique ne doit pas se faire au détriment des plus démunis.* » (Discours à la Chambre de commerce de Québec, 10 septembre 1998)

Certains proposent de remplacer les programmes existants par un régime universel de revenu minimum garanti pour tous, sans en avoir visiblement étudié les implications administratives, constitutionnelles et financières. Ils ignorent ou minimisent les questions non résolues que soulève ce projet très difficile à réaliser. Si le Parti libéral n'a pas mis de l'avant le projet de revenu annuel garanti jusqu'à ce jour, ce n'est pas parce qu'il y est indifférent. C'est parce que la preuve reste à établir que le revenu annuel garanti peut être réalisé dans des conditions qui amélioreront la condition des personnes concernées au lieu de l'aggraver.

Les gouvernements libéraux qui se sont succédé depuis 1960 ont porté une attention spéciale au *soutien de la famille.* Convaincu que la famille est la cellule par excellence de tout développement social solide et durable, le gouvernement Bourassa, au cours de ses deux mandats de 1985 et 1989, a :

a) allégé de manière appréciable le fardeau fiscal des familles. De 10 015 $ qu'il était en 1989, le seuil d'imposition minimale pour une famille de deux enfants était passé à 27 300 $ en 1994. En 1994, au terme du dernier gouvernement libéral, une famille québécoise moyenne était nettement avantagée par le fisc québécois par comparaison avec la famille moyenne vivant en Ontario ;

b) institué le crédit d'impôt non remboursable pour enfants à charge ;

c) institué les allocations à la naissance dont l'effet, pendant cinq années, contribua à une hausse du taux de natalité ;

d) promu le développement des services de garde pour enfants, dont le nombre passa de 42 079 places en 1985 à 102 183 places en 1994, tout en maintenant, par des mesures fiscales appropriées, la liberté de choix des parents en ce domaine.

Le logement figure aujourd'hui parmi les biens dont l'accès est jugé indispensable au développement des personnes. Selon le Parti libéral, le premier fournisseur en ce domaine doit être l'entreprise privée. Afin de suppléer aux inégalités qu'engendre à cet égard le marché, le gouvernement Bourassa instaura vers la fin des années 80 une mesure visant à procurer un supplément de revenu aux ménages appelés à se loger dans des régions où le prix des loyers est supérieur à la moyenne du marché. Cette mesure — l'allocation au logement — venait s'ajouter à un programme semblable, Logirente, lequel fournit une aide financière aux ménages aînés qui ont recours au marché privé pour se loger. Chacune de ces deux mesures bénéficie annuellement à quelque 150 000 ménages.

L'expérience a par contre démontré que les logements construits et gérés par l'autorité publique coûtent plus cher et entraînent de sérieuses inégalités dans l'aide apportée aux ménages à faibles revenus. Ceux qui sont logés dans les unités publiques sont nettement avantagés en comparaison avec ceux qui sont logés dans le secteur privé. Le Parti libéral est d'avis qu'un soutien financier pour fins de logement doit être accordé par l'État aux ménages à faibles revenus. Il estime cependant que la construction d'unités publiques ne devrait être utilisée en principe que pour répondre à des besoins précis tels ceux de personnes handicapées, de personnes souffrant de problèmes de santé mentale, de personnes en cure de réhabilitation, etc. Il favorise en tout état de cause l'égalité de traitement en matière d'aide au logement pour tous les ménages à faible revenu, qu'ils soient logés dans des unités privées ou dans des unités publiques.

Le développement social du Québec comporte une dimension démographique à laquelle les acteurs politiques ne sauraient être indifférents. Si la Révolution tranquille a été la source de nombreux changements bienfaisants, elle a aussi été marquée par une dénatalité accélérée. Avec un indice de fécondité de 1,48 en 1998, le Québec était bien en-deçà du niveau de fécondité requis pour qu'une société puisse se reproduire par elle-même. L'immigration revêt dans ce contexte une importance cruciale. Il n'est pas exagéré d'affirmer qu'à ce chapitre, les gouvernements libéraux ont eu une performance nettement supérieure. De 1970 à 2000, le Parti québécois et le Parti libéral ont en effet exercé le pouvoir pendant quinze ans chacun. Or, le bilan des années libérales en matière démographique est nettement supérieur sous trois aspects différents :

a) au chapitre des ***migrations internationales,*** les années 1971 à 1976 et 1986 à 1994 furent marquées par un surplus total de 353 000 personnes, comparativement à un surplus total de 252 029 personnes pendant les années 1976 à 1985 et 1995 à 2000, soit un écart de plus de 100 000 personnes en faveur des années libérales. Pendant son dernier séjour au pouvoir, le gouvernement Bourassa dota le Québec d'une politique d'immigration dont l'excellence a été reconnue par ses adversaires. Il conclut en outre avec le gouvernement fédéral l'Entente McDougall-Gagnon-Tremblay assurant au Québec un rôle de premier plan dans la sélection des immigrants;

b) au chapitre des *migrations interprovinciales,* le Québec a essuyé des pertes chaque année depuis 1970. On enregistra un déficit annuel moyen de 20 283 personnes sous les gouvernements péquistes, comparativement à un déficit annuel moyen de 12 023 sous les gouvernements libéraux, soit un écart défavorable au Parti québécois de 125 000 personnes pour la période entière;

c) au chapitre de la *fécondité,* le nombre annuel moyen des naissances a été de 91 827 pendant les années libérales, comparativement à un nombre annuel moyen de 87 405 pendant les années péquistes, soit un écart défavorable au Parti québécois de plus de 60 000 personnes pendant ses séjours au pouvoir. Selon des statistiques officielles et des études sérieuses, les mesures d'aide à la famille instituées par le gouvernement Bourassa ont contribué dans une mesure appréciable à une hausse de la natalité, entre 1986 et 1991.

Chapitre 6

Le respect de la société civile

D ans les sociétés modernes, rares sont les gouvernements qui détiennent encore le pouvoir de définir les valeurs de la collectivité. Chaque individu, chaque groupe a sa propre conception de la vie et ses valeurs propres. Au lieu de vouloir imposer à tout prix ses propres conceptions, l'État doit plutôt chercher des aménagements institutionnels qui, dans le respect de l'ordre public et des bonnes mœurs, tiennent compte de l'évolution continue des opinions et des modes de comportement.

S'il est requis de l'État qu'il soit prudent et réservé en matière de valeurs, cela ne signifie pas cependant que les choix portant sur des valeurs doivent ou puissent être évacués de la vie en société. Ces choix sont nécessaires, voire inévitables. Dans une société libérale, ils se font cependant dans un vaste espace aux frontières indéfinies qu'on appelle la « société civile ». Par la société civile, on entend généralement l'ensemble des activités humaines qui ont pour théâtre habituel des lieux autres que le marché et la société politique. La société de marché est faite de transactions utilitaires basées sur la valeur des produits et des services échangés. Dans la société civile, les échanges obéissent généralement à d'autres considérations, telles celles des liens familiaux, de l'amitié, de l'art, de la foi religieuse, de la culture, etc. La société politique est une, obligatoire, réglée par des lois qui sont en principe les mêmes pour tous. Les valeurs de spontanéité, d'improvisation, de gratuité et de diversité occupent par contraste une place importante dans la société civile.

La société civile repose d'abord sur la personnalité de chaque individu. Mais elle est aussi faite de rapports sociaux et d'institutions. Font partie de la société civile les regroupements et institutions qui sont à l'œuvre dans une société sans s'inscrire dans l'économie de marché et sans être des dépendances pures et simples du gouvernement. Sont généralement rangés sous ce vocable les familles, les institutions locales et régionales tels les municipalités, les commissions scolaires et les organismes régionaux de coordination sociale et culturelle, les églises, les organismes de presse, les associations professionnelles et les innombrables associations à buts infiniment divers dont la prolifération en Amérique du Nord fit dès le 19e siècle l'admiration du visiteur français Alexis de Tocqueville. Sur l'état d'esprit et les préférences fondamentales de la population, les tendances que l'on observe dans la société civile sont généralement un baromètre plus sûr que les discours des politiciens.

CLAUDE RYAN ET SON ÉPOUSE MADELEINE
Architecte de la décentralisation des années 90

Parce qu'elle forme un milieu propice à l'exercice des libertés, la société civile est un rempart précieux contre l'autoritarisme. Aussi les régimes totalitaires cherchent-ils à la réduire au silence, voire à se substituer à elle.

Une des forces du Québec, c'est qu'il possède une société civile saine et vigoureuse. Il arrive que des partis soient tentés de se servir des institutions de la société civile comme véhicules pour la diffusion de leurs idées. Ces tentatives donnent parfois l'impression de réussir pendant un temps. Là où elles ont eu lieu, elles se sont cependant heurtées jusqu'à maintenant à la résistance souvent discrète mais non moins imperméable d'une population dont l'instinct a toujours favorisé les politiques imprégnées de prudence et de réalisme de préférence aux camisoles de force idéologiques.

Les *municipalités* et les *commissions scolaires* offrent un bon exemple de la manière dont le Parti libéral conçoit les rapports entre l'État et la société civile. D'un strict point de vue juridique, municipalités et commissions scolaires sont en effet des « créatures de Québec ». En principe, selon ce point de vue, le gouvernement peut donc agir à sa guise avec elles. Cette définition strictement juridique des municipalités et des commissions scolaires ignore cependant un autre aspect non moins important de leur nature : si ces organismes tiennent leur existence et leurs attributions juridiques de Québec, leurs dirigeants tiennent par contre leur mandat de la population. Elles sont en conséquence des institutions politiques, non de simples succursales ou relais administratifs du gouvernement.

La manière dont les gouvernements Bouchard et Landry a géré le dossier des fusions municipales contraste singulièrement avec celle qu'employa, quelques années plus tôt, un gouvernement libéral pour favoriser le regroupement de commissions scolaires jugées trop nombreuses et traiter des dossiers de regroupements municipaux. Conformément à la philosophie du Parti libéral, le gouvernement Bourassa réalisa la fusion des commissions scolaires dans un climat de collaboration avec les commissions scolaires. À tout gouvernement, il arrive de devoir prendre des décisions qui seront impopulaires auprès des municipalités ou des commissions scolaires. Les gouvernements libéraux n'ont pas échappé à cet écueil. Ils ont généralement vu, cependant, à ce que les milieux intéressés soient informés à l'avance des orientations envisagées et aient eu le temps de faire valoir leur point de vue. Dans deux cas précis, le gouvernement Bourassa transféra aux municipalités et aux commissions scolaires dans les années 90 des responsabilités qui avaient jusqu'alors été exercées par le gouvernement. Dans chaque cas cependant, le transfert de responsabilités fut accompagné de l'octroi de sources de revenus additionnelles. Estimant que leur nombre était trop élevé, les gouvernements libéraux ont généralement souhaité des regroupements de municipalités. Il est arrivé très rarement, cependant, qu'un gouvernement libéral juge devoir imposer d'autorité de tels regroupements. Il le fit alors pour des raisons qui revêtaient un caractère impératif. L'opposition récente du Parti libéral aux fusions forcées de municipalités a porté bien davantage sur la manière cavalière dont ces fusions furent imposées sans tenir compte de l'opinion des milieux concernés, que sur l'objectif qu'elles définissaient.

L'organisation des *professions libérales* offre un autre exemple de l'attitude du Parti libéral envers la société civile. Au Québec, il a traditionnellement appartenu aux membres des professions eux-mêmes, plutôt qu'à l'État, de définir et de faire respecter des normes élevées de compétence et d'éthique pour leurs membres. En raison de la multiplication des professions, de l'évolution rapide des connaissances et du nombre sans cesse croissant de personnes attirées par ce type d'occupation, il était devenu nécessaire de réviser l'organisation des professions libérales. Un État centralisateur aurait pu profiter de cette situation pour assujettir les professions à des contrôles bureaucratiques alourdis. Les gouvernements libéraux choisirent plutôt de retenir le modèle de l'autorégulation de chaque profession par ses membres, mais de coiffer le système d'un organisme de coordination — l'Office des professions du Québec — dont la surveillance s'exerce sur toutes les professions, dans le respect de l'autonomie de chacune.

Largement dues à des gouvernements libéraux, les lois québécoises du travail reconnaissent le droit d'association des travailleurs et leur droit à la libre négociation de leurs conditions de travail par l'intermédiaire d'un syndicat accrédité. Elles reconnaissent des droits étendus aux syndicats de travailleurs non seulement pour la négociation de conventions collectives de travail mais aussi pour leur application. La liberté des associations syndicales est un élément fondamental de la législation québécoise du travail. Il faut reconnaître que le régime actuel de relations du travail a été édifié à l'aide de lois adoptées tantôt sous des gouvernements péquistes, tantôt sous des gouvernements libéraux. On doit néanmoins au Parti libéral d'avoir favorisé la syndicalisation des travailleurs du secteur public et parapublic. On lui doit aussi d'avoir su rappeler aux syndicats que l'obéissance aux lois vaut pour tout le monde dans une société démocratique. Les gouvernements libéraux ont tenté d'être justes dans leurs rapports avec le monde syndical. Ils ont en même temps évité toute familiarité excessive avec ses dirigeants.

Les structures de direction établies pour la gestion des centaines d'*établissements d'enseignement et de santé* transférés du secteur privé au secteur public pendant la Révolution tranquille offrent un autre exemple de l'attitude du Parti libéral envers la société civile. En premier lieu, les transferts de propriété furent réalisés de manière négociée et moyennant juste compensation. En second lieu, il fut décidé de retenir pour la gestion des établissements transférés des structures de direction faisant une place à la participation de représentants de la population desservie et du personnel de ces établissements. Des modifications apportées par le gouvernement Landry au statut des régies régionales de santé et de services sociaux ont ouvert une brèche sérieuse dans ce système, assujettissant les régies à un contrôle beaucoup plus direct du gouvernement. Le Parti libéral a combattu ces changements, les jugeant incompatibles avec sa conception des rapports de respect mutuel qui doivent exister entre le gouvernement et la société civile.

La politique du Parti libéral envers *les établissements privés d'enseignement* témoigne elle aussi de son respect pour les institutions de la société civile. Ces établissements sont l'expression d'initiatives prises par des individus et des groupes, non par le gouvernement. Lors d'un premier séjour au pouvoir, le Parti québécois avait laissé l'impression de vouloir les acculer à une extinction lente et graduelle mais sûre par l'imposition d'un moratoire sur la reconnaissance de tout nouvel établissement à des fins de subvention. Aussitôt qu'il eut pris le pouvoir en 1985, le gouvernement de Robert Bourassa mit fin à ce moratoire. Il fit savoir que la priorité du gouvernement irait nettement à l'enseignement public mais qu'un rôle significatif, accompagné du soutien financier de l'État, serait néanmoins réservé à l'enseignement privé. Les gouvernements péquistes qui se sont succédés de 1994 à 2003 n'ont pas remis en question l'aide à l'enseignement privé mais l'idée d'un nouveau moratoire et de l'abolition éventuelle de l'aide financière aux établissements privés figure toujours dans les parties moins connues du programme du Parti québécois.

La *liberté de la presse* est un attribut inaliénable d'une société démocratique. Évitant de s'immiscer dans la gestion des entreprises de presse, le Parti libéral s'est toujours opposé, cependant, à une trop forte concentration de la propriété et du pouvoir dans ce secteur névralgique. À plusieurs reprises, les gouvernements dirigés par Robert Bourassa intervinrent pour empêcher des transactions qui eussent entraîné des conséquences dangereuses à cet égard. On n'en saurait dire autant du gouvernement Bouchard et du gouvernement Landry. Sous le couvert d'une commission parlementaire d'avance vouée à l'échec en raison de l'attitude permissive adoptée sous le manteau par le gouvernement, il s'est produit sous le gouvernement Landry, en faveur d'un groupe très puissant, la plus forte concentration de pouvoir dans la propriété des journaux quotidiens qui ait jamais existé au Québec.

Les milliers de *regroupements et associations bénévoles,* tantôt spontanés, tantôt organisés, dans lesquels les personnes aiment se retrouver aux fins les plus diverses sont une composante essentielle de la société civile québécoise. Les partis politiques ne peuvent ignorer leur existence car ils les rencontrent tous les jours sur leur route. Ils doivent au contraire s'en accommoder, comme le découvrent vite les personnes investies de mandats électifs. Le Parti libéral reconnaît l'utilité irremplaçable de ces groupes. Tout en évitant de s'immiscer dans leur régie interne, il s'efforce de maintenir avec eux des rapports de collaboration. Les associations bénévoles ont souvent été invitées sous des gouvernements libéraux à émettre leur avis sur des projets gouvernementaux, à participer au choix de membres de conseils de direction d'établissements locaux ou régionaux, voire à assumer contre juste compensation un rôle actif dans la mise en œuvre de mesures gouvernementales. Le rôle joué à ce dernier égard par les centaines d'organismes communautaires qui se consacrent à la promotion de milieux moins favorisés est une caractéristique importante de la démocratie québécoise. Dans un rapport sur *L'État québécois et la pauvreté* (1998), un groupe d'étude du Parti libéral s'est prononcé en faveur d'une reconnaissance plus explicite du travail accompli par ces groupes et de l'instauration de modes de financement susceptibles de leur procurer une plus grande stabilité.

Au Québec, comme dans toutes les sociétés libérales, les *familles religieuses* jouissent d'une liberté étendue. Elles sont reconnues comme des associations sans but lucratif. Elles bénéficient à ce titre d'importantes exemptions fiscales. Elles gèrent librement leurs affaires, en dehors de toute ingérence de l'État. Plusieurs d'entre elles touchent aussi une aide financière de l'État en retour de services d'intérêt public qu'elles rendent dans des domaines comme l'éducation, l'aide à diverses catégories de personnes, les loisirs et la culture. Parmi les familles religieuses, l'Église catholique possède les racines les plus anciennes dans l'histoire du Québec et les ramifications les plus étendues à travers le territoire. Tout en ayant avec elle des rapports généralement empreints de collaboration, le Parti libéral a maintenu avec l'Église catholique et les autres familles religieuses une attitude de saine indépendance depuis le XIXe siècle. Dès l'époque de Laurier, l'attachement du Parti libéral pour les libertés fondamentales lui inspira un grand souci de la liberté religieuse tout court, lequel ne cadrait pas toujours avec les vues des chefs ecclésiastiques de l'époque. Sur la base de cette double disposition, il a été procédé au cours des dernières décennies à des modifications majeures dans le rôle qu'avait traditionnellement joué l'Église catholique en matière d'éducation, de santé et des services sociaux. Réalisés pour la plupart sous des gouvernements libéraux, ces changements se sont faits dans un esprit de saine indépendance de part et d'autre. Il n'y eut ni spoliation, ni guerre de religion, mais négociation souvent serrée. Tout en continuant de reconnaître à des fins pratiques la prépondérance numérique des familles catholique et protestante en relation avec la demande de services dans certains domaines (éducation, hôpitaux, établissements de détention, services sociaux), les changements des dernières décennies ont permis la prise en charge par l'État de responsabilités qu'il était seul à pouvoir assumer et l'affirmation du droit de toutes les personnes à la liberté religieuse et à un égal accès aux services en cause.

Un gouvernement soucieux d'efficacité et de durée doit s'efforcer de maintenir de bons liens avec les forces vives de la société. Il est normal qu'il cherche à établir des rapports de collaboration avec les organismes de la société civile et qu'il cherche à les associer à l'action gouvernementale à travers des organismes permanents ou des rencontres informelles. Les gouvernements libéraux ont créé de nombreux organismes à cette fin. Par exemple le Conseil supérieur de l'éducation, le Conseil des arts et lettres, le Conseil du statut de la femme, le Conseil des communautés culturelles. Ces organismes jouent un rôle très utile. À la lumière de l'expérience, des balises s'imposent néanmoins quant à la manière dont le gouvernement doit recourir à de tels organismes. En premier lieu, ils doivent être le plus représentatifs possible de tous les milieux concernés ; à cette fin, les nominations doivent être précédées de consultations sérieuses. En second lieu, leur rôle doit être, sauf exception, de nature consultative plutôt que décisionnelle ; en principe, il doit aussi porter, sauf exception, sur les orientations et les politiques publiques plutôt que sur les décisions, celle-ci devant demeurer la prérogative du pouvoir exécutif. En troisième lieu, ils doivent disposer d'une liberté véritable. Enfin, il incombe au gouvernement de veiller à ce que les rencontres de concertation ne dégénèrent pas en lieux de pouvoir parallèles au détriment de l'autorité des élus ou en foires de marchandage où les ministres cultivent leur popularité en distribuant des faveurs à saveur locale ou régionale.

Chapitre 7

La vie politique
à l'enseigne de la démocratie

Une contribution majeure de l'esprit libéral à la maturation politique du Québec a été l'instauration d'une vision plus élevée de la politique et du rôle des institutions politiques. Au lendemain de l'élection de 1956 qui avait porté l'Union nationale au pouvoir pour une quatrième fois consécutive, deux prêtres spécialisés en éthique sociale avaient vivement dénoncé les mœurs politiques observées au cours de cette élection. « *On nous a rapporté,* écrivaient Gérard Dion et Louis O'Neill, *plusieurs cas où non seulement les électeurs n'ont pas résisté à l'offre de vendre leur vote mais où ils ont offert eux-mêmes spontanément leur suffrage pour de l'argent ou de généreux cadeaux. C'est ainsi que l'on a payé réparations de toitures, comptes d'hôpital, accouchements, que l'on a fait promesse de contrats généreux, etc. Sans compter la parade des frigidaires et des appareils de télévision.* » (Abbés Dion et O'Neill, *Le chrétien et les élections,* Éditions de l'homme, 1960)

Le Parti libéral s'était engagé avant l'élection de 1960 à instituer une enquête sur les pratiques administratives du gouvernement de l'Union nationale. L'enquête eut lieu sous la présidence d'un juge. Elle établit qu'un système élaboré de financement frauduleux du parti au pouvoir à même des commissions versées par des entreprises bénéficiaires de contrats gouvernementaux, avait existé pendant de nombreuses années. Le Parti libéral avait promis de réformer la conduite des élections de manière que les partis en présence soient traités sur un

JEAN LESAGE
En 1960, il met le Québec sur le chemin de la modernité

pied d'égalité, que les officiers d'élection soient imputables de leurs actes devant les tribunaux, que les dépenses d'élection soient limitées et contrôlées et que soient empêchées les substitutions frauduleuses d'électeurs aux jours de scrutin. Bon nombre de ces réformes furent réalisées dès le premier mandat du gouvernement Lesage. D'autres réformes, entre autres l'octroi du droit de vote aux jeunes âgés d'au moins 18 ans et la réforme de la carte électorale vinrent s'ajouter au cours des années qui suivirent. Parmi les plus importantes, il faut compter celles qui furent prises en 1977 sous un gouvernement péquiste en vue d'interdire les dons d'entreprises aux partis politiques et de plafonner à une somme maximale de 3000 $ par an les dons en provenance d'individus.

Afin de compenser les diminutions de revenus découlant d'une réglementation plus serrée des revenus des partis et de leurs dépenses en temps d'élection, une aide financière de l'État a aussi été mise à la disposition des partis. Cette aide est accordée, au prorata des suffrages obtenus, à tous les candidats ayant obtenu au moins 15 % des votes valides enregistrés à une élection. Sur la base des suffrages obtenus par chacun, une subvention de fonctionnement annuelle est également accordée aux partis politiques. À l'aide de ce financement gouvernemental et surtout des revenus beaucoup plus importants qu'ils retirent de leurs campagnes périodiques de financement, les partis disposent aujourd'hui de permanences mieux équipées. Ils sont dotés de services d'organisation, d'information et de recherche qui les aident à maintenir leur activité en dehors des temps d'élections et à renouveler sans cesse leur programme respectif. Sortis de la quasi-clandestinité où ils avaient longtemps été enfermés, les partis ont pignon sur rue. Ils agissent au vu et au su de tout le monde. Si la réforme des mœurs et des institutions électorales a largement réussi au Québec, c'est parce que chacun des deux partis principaux y a contribué et qu'une fois les règles du jeu fixées par le législateur, elles ont très généralement été acceptées et observées par les deux partis. Le résultat de cette évolution est aisément vérifiable. Le Québec est aujourd'hui l'une des sociétés les plus avancées du monde en ce qui touche la transparence et l'intégrité des procédures électorales et le financement des partis.

Le *statut des députés* a également été rehaussé grâce à diverses réformes effectuées tantôt sous des gouvernements libéraux, tantôt sous des gouvernements péquistes. Les députés sont aujourd'hui mieux rémunérés. Ils disposent de budgets pour le financement de leur bureau de comté et leurs dépenses de fonction. Les méthodes de travail de l'Assemblée nationale ont été modifiées à plusieurs reprises afin de faire une place plus large aux travaux des commissions parlementaires et aux représentations émanant de la société civile. Les commissions parlementaires, plus nombreuses et actives qu'autrefois, favorisent la participation des députés à l'élaboration des lois, à la vérification des actes du gouvernement et à l'étude de sujets d'actualité.

Le mode de scrutin n'a cependant pas été modifié depuis longtemps. Il donne périodiquement lieu à une répartition des sièges à l'Assemblée nationale qui n'est pas toujours le reflet fidèle de la volonté réelle exprimée par les électeurs. Le Parti libéral s'est déclaré favorable à une réforme qui introduirait dans le système actuel des éléments de représentation proportionnelle tout en conservant le droit pour la population de chaque circonscription d'élire son propre député. Il s'est également prononcé en faveur de changements qui accorderaient aux députés une plus grande marge de liberté à l'endroit de la discipline de parti dans les travaux parlementaires. Le gouvernement de Jean Charest a confirmé peu après son entrée en fonction en 2003, sa volonté d'aller de l'avant avec la réforme du mode de scrutin.

Le Parti libéral a joué un rôle majeur dans l'instauration au Québec d'une vision plus dynamique du *rôle de l'État* et des institutions politiques. La constatation des retards accumulés sous l'Union nationale dans les domaines de l'éducation, de la santé et de la sécurité du revenu obligea les dirigeants politiques à se rendre compte qu'un rouage essentiel — l'État — avait été absent d'un grand nombre de dossiers où sa présence eut été essentielle. Tandis qu'ailleurs, l'État avait été abondamment utilisé comme levier de progrès pour la collectivité, il avait plus souvent qu'autrement fait défaut à sa responsabilité au Québec.

Le Parti libéral n'a jamais été un adulateur aveugle de l'État. L'exaltation inconditionnelle de celui-ci cadre mal avec la priorité qu'il attribue aux valeurs de liberté, d'initiative et de responsabilité individuelle. Pour lui, l'État doit être un instrument, non une fin. Mais dans les conditions modernes, cet instrument ne doit être ni insignifiant ni impuissant. Il doit être le bras agissant de la collectivité chaque fois que les besoins et les ressources de celle-ci le justifient. En raison des retards accumulés, Jean Lesage jugea qu'il fallait élargir le rôle de l'État dans de nombreux domaines.

La première initiative de Jean Lesage fut de doter le Québec d'une fonction publique **compétente, intègre et impartiale.** Les postes clés furent confiés à des titulaires formés aux meilleures disciplines. Pour la première fois, on vit entrer au service du gouvernement des sociologues et des économistes. Des normes de rigueur et d'impartialité furent inscrites dans la loi concernant le recrutement et le cheminement de carrière des serviteurs de l'État. Les fonctionnaires furent autorisés à se syndiquer. Le gouvernement, quel que soit le parti au pouvoir, peut aujourd'hui gérer les affaires de l'État en s'appuyant sur un appareil administratif d'excellente qualité. Avec le soutien de cet appareil, il peut se présenter à n'importe quel forum canadien ou international en s'appuyant sur des dossiers étoffés.

L'existence d'une fonction publique intègre et jouissant d'un statut et de conditions de travail enviables a également permis d'offrir à la population des services de meilleure qualité et de mettre de l'ordre dans les transactions du gouvernement avec les fournisseurs privés de biens et de services. Ces transactions se font maintenant sous l'empire de règles strictes de transparence, d'impartialité et d'équité. Tout contrat d'une valeur supérieure à un montant minimum doit être attribué suivant des règles qui obligent à favoriser l'entreprise ayant soumis la meilleure proposition. Ont ainsi été pratiquement éliminées les pratiques de commissions occultes qui eurent longtemps cours dans ce domaine.

Le **pouvoir judiciaire** n'a pas échappé lui non plus à l'attention du Parti libéral. L'existence d'une magistrature compétente, intègre, indépendante du pouvoir politique, est pour lui un rouage essentiel d'une société démocratique. Dans les cours relevant de la compétence du Québec, les gouvernements libéraux ont veillé à procurer aux magistrats des conditions garantissant leur compétence, leur intégrité, leur impartialité et leur liberté professionnelle. Même quand elles s'écartaient de leurs propres convictions et tout en se prévalant au besoin des recours qui leur étaient disponibles, ils ont généralement manifesté le plus grand respect pour les décisions des tribunaux. La justice administrative a également connu un essor important sous les gouvernements libéraux. Ceux-ci ont cherché à mettre à la disposition de la population des procédures plus simples, plus expéditives et moins coûteuses que les tribunaux de droit commun. Elle permet de mettre à la disposition de la population des procédures plus expéditives et moins coûteuses que les tribunaux de droit commun pour le règlement de divers dossiers.

En raison des nombreuses améliorations apportées au cours des dernières décennies, la compétence et l'intégrité de l'appareil gouvernemental québécois, sauf cas exceptionnels, sont rarement mises en doute aujourd'hui. Il n'en va pas de même cependant de la taille qu'a prise le secteur public et parapublic. Bon an mal an, le gouvernement québécois, les municipalités, les commissions scolaires, les collèges, les universités, les hôpitaux, les CLSC, les régies régionales de la santé et des services sociaux, les routes, les sociétés d'État, absorbent plus du quart de la production collective de biens et de services. Le gouvernement fédéral et ses multiples services et agences effectuent chaque année une ponction presque aussi importante sur l'économie. Si justifiables que puissent être individuellement les initiatives de l'État québécois, elles ne sauraient faire oublier que ses coûts de fonctionnement sont très élevés et que le fardeau fiscal et les charges d'endettement engendrés par les politiques des dernières années sont parmi les plus lourds en Amérique du Nord.

Aucun parti ne peut échapper au dilemme que soulève cette situation. Vaut-il mieux viser à réduire les dépenses de l'État et les charges fiscales des contribuables et risquer d'engendrer en retour une diminution de la qualité des services et le mécontentement de la population? Ou vaut-il mieux maintenir les services au plus haut niveau possible en encourant la responsabilité de devoir maintenir les taxes à un niveau élevé et d'alourdir davantage l'endettement de l'État? Tous les gouvernements qui se sont succédé à Québec depuis trente ans ont dû faire face à ce dilemme.

Dès la première réunion du nouveau cabinet Bourassa en décembre 1985, les ministres reçurent le mandat de se présenter à une prochaine réunion avec une liste de compressions budgétaires qu'ils devaient s'engager à effectuer dans leurs ministères respectifs. Entre 1986 et 1994, il y eut une seule année où les ministres ne furent pas tenus de soumettre des propositions de coupures budgétaires. Combien de fois un ministre se réjouit d'une décision lui accordant des crédits pour un projet qui lui tenait à cœur, pour découvrir par la suite que les sommes en question seraient de fait rendues disponibles à l'aide de coupures effectuées dans le budget de son propre ministère! Dans le concert pratiquement ininterrompu de coupures budgétaires qui marqua les années 1985 à 1994, les secteurs de l'éducation et de la santé furent cependant traités avec une attention particulière. Les ravages que l'on a pu observer dans le domaine de la santé sous l'effet de coupures effectuées sans discernement suffisant sous un gouvernement subséquent furent heureusement évitées sous les deux derniers gouvernements de Robert Bourassa. Celui-ci avait coutume de dire à ses collègues du conseil des ministres que les coupures étaient nécessaires mais qu'elles devaient être empêchées ou à tout le moins réduites à un strict minimum lorsque leurs effets devaient se traduire en des charges financières accrues ou une diminution de services pour les personnes à faible revenu. Le premier ministre actuel, Jean Charest, a réaffirmé à maintes reprises la priorité que son gouvernement accorde à la santé et à l'éducation. Dès le 1er budget de son gouvernement, des ajouts importants ont été faits aux budgets de la santé et de l'éducation.

Le Parti libéral rejette la conception qui veut faire de l'État un sauveur universel. Il rejette également la conception suivant laquelle l'État doit être réduit à des tâches de gendarmerie et d'entretien des routes. Il veut pour le Québec un État à la mesure de ses besoins mais aussi de ses moyens. Cet État, il le veut fonctionnel, compétent, doté des moyens dont il a besoin, moderne, efficace. Il le veut aussi épuré des boursouflures qui l'ont alourdi au cours des dernières décennies, et résolu à agir avec discipline, dans la limite de ses moyens. Il le veut enfin attentif et sensible aux besoins de la population, en particulier aux besoins de ses éléments les plus vulnérables, et conscient du rôle de leadership qui lui incombe dans tous les dossiers où sont en cause les valeurs de liberté et de justice et le développement économique, social et culturel du Québec. D'où l'importance qu'il attache à la nécessité de sans cesse revoir et réévaluer avec un œil critique les rôles remplis par l'État afin d'assurer qu'ils répondent à des besoins réels et qu'ils soient remplis avec le maximum d'efficacité et d'économie.

Devant cette conception du rôle de l'État, on doit se demander par quels moyens l'État doit être financé. On a longtemps pensé que deux voies royales s'ouvraient aux gouvernements : les taxes et l'emprunt. Des resserrements s'imposent toutefois maintenant sur ces deux fronts. La taxation a atteint un point de saturation. L'emprunt aussi. Il reste dans ces conditions à réviser les rôles de l'État de manière que soient éliminés ceux qui n'ont plus leur raison d'être, que soient préservés les acquis majeurs en matière de justice sociale et que les fonctions étatiques nécessaires soient accomplies de manière plus économique. Dans la mesure où la réduction des dépenses gouvernementales peut autoriser une réduction des impôts, une question doit être réglée : à qui devront bénéficier les baisses d'impôt envisagées? Tout d'abord, elles ne pourront apporter aucun soulagement aux ménages à faible revenu, vu que ceux-ci sont déjà exempts de l'impôt sur le revenu et bénéficient de remboursements sur les déboursés en relation avec la taxe de vente. Il reste à choisir entre les contribuables à revenu moyen et les contribuables à revenu élevé. Dans la mesure où une marge réelle de manœuvre peut être créée, elle doit d'abord être utilisée, selon la plupart des observateurs, pour alléger le fardeau des contribuables à revenu moyen avant celui des riches.

Dans son programme électoral de 2003, l'action démocratique du Québec avait mis de l'avant une mesure selon laquelle une caractéristique majeure de l'impôt sur le revenu, c'est-à-dire la hausse graduelle des taux d'imposition en fonction des niveaux de revenu, serait remplacée par un taux de taxation uniforme pour tout le monde. Il a été démontré aux États-Unis que pareille mesure favoriserait surtout les riches. Même le président Bush ne l'a pas retenue.

Chapitre 8

L'appartenance canadienne

Voué d'abord au service du Québec, le Parti libéral est néanmoins convaincu que, sujet à la reconnaissance de son caractère distinct, le maintien du lien fédéral canadien est l'option constitutionnelle la plus apte à promouvoir les meilleurs intérêts du Québec et de ses partenaires. Selon les souverainistes, il serait normal que la population du Québec possède et contrôle sur son territoire un État modelé sur la culture de sa majorité. Le Parti libéral juge cette aspiration légitime — car à ses yeux les institutions d'un peuple doivent être le reflet de ce qu'il est — mais refuse de l'ériger en norme absolue. En effet, un nombre croissant d'États se composent de nos jours de groupes humains représentant des cultures diverses. La structure de l'État doit tenir compte de cette réalité. La diversité culturelle étant une caractéristique croissante des États, l'argument de normalité invoqué par les souverainistes devient hautement contestable dès qu'on cherche à l'ériger en une nécessité incontournable.

Pour le Parti libéral, l'appartenance du Québec au Canada se justifie par de nombreuses raisons :

1) le Canada est un des pays les plus avancés et les plus sûrs du monde sous l'angle des libertés individuelles;

2) le Canada fait partie de notre histoire et de notre culture. Il exprime une partie importante de ce que nous sommes. Pour rompre une union politique, il faut, disaient les Pères de la république américaine, que des motifs graves justifient la rupture et que l'on soit prêt à les exposer à la face de l'humanité tout entière.

Si sincères qu'ils puissent être, les motifs invoqués à ce jour par les tenants de la souveraineté n'ont pas cette note de gravité;

3) le Canada est un des territoires les plus richement dotés du monde en ressources naturelles de toute sorte. Dans la mesure où la propriété de parties importantes du sol canadien n'a pas été transférée aux provinces, les richesses naturelles qu'elles renferment sont la propriété de tous les Canadiens, y compris des Québécois. Quitter la fédération canadienne équivaudrait pour le Québec à renoncer à cet héritage;

4) l'expérience a démontré depuis 1867 que, sous le régime fédéral canadien, le Québec dispose de pouvoirs qui lui ont permis à ce jour d'assurer le maintien et l'essor de la culture française de la grande majorité de sa population. Elle n'interdit en rien de continuer à rechercher par la négociation des améliorations jugées nécessaires à cet égard;

5) les citoyens québécois participent sur un pied d'égalité avec ceux des autres provinces et territoires au choix des élus appelés à former le Parlement et le gouvernement du Canada. Ils disposent au sein du Parlement d'une représentation égale à leur importance numérique;

6) au plan économique et social, l'espace canadien offre un bassin de ressources humaines et financières plus large. Ce bassin de ressources permet un meilleur partage des chances et des risques et offre ainsi à chaque Canadien des horizons plus larges et une meilleure protection contre les aléas du chômage, de la stagnation ou des sinistres;

7) par leur participation à l'ensemble canadien, les Québécois ont fortement contribué à une meilleure reconnaissance des droits linguistiques du million de francophones qui résident dans les autres provinces et territoires;

8) la participation à l'ensemble canadien permet aux provinces et territoires anglophones et au Québec de former un

ensemble géographique, économique et politique représentant aux yeux de sa propre population et du reste du monde une contrepartie crédible à l'omniprésence du puissant voisin américain dans divers secteurs de la vie collective ;

9) par sa participation au Canada, le Québec a contribué à bâtir à travers le monde l'image d'un pays ami de la tolérance, de la justice et de la paix. Le réseau de contacts que cette réputation permet de cultiver à travers le monde bénéficie aussi au Québec ;

10) l'expérience canadienne nous situe au cœur du courant historique de diversification croissante des populations à travers le monde et des défis qui en découlent pour le développement des libertés individuelles et collectives dans un nombre élevé d'États.

Tout en adhérant au fédéralisme canadien, le Parti libéral a continuellement affirmé depuis quarante ans qu'étant l'expression principale du fait français au Canada, le Québec ne peut pas être une simple province comme les autres au sein de la fédération. Par la voix de tous les chefs qui l'ont dirigé jusqu'à ce jour, il a soutenu qu'en plus d'être une province au sens juridique du terme, le Québec forme une société distincte à plusieurs égards, notamment par sa langue, sa culture, son système juridique, ses institutions, ses modes de vie. Il a demandé à maintes reprises que la Constitution canadienne soit modifiée de manière à reconnaître ce caractère distinct. Certains en ont conclu que le Québec demandait des privilèges spéciaux. Ce n'était pas le cas. Le Québec a toujours recherché, non pas un statut privilégié, mais la juste reconnaissance de son caractère distinct. Telle a été sa position sous tous ses chefs passés. Telle est aussi sa position sous son chef actuel, Jean Charest.

La position actuelle du Parti libéral a été définie en 2001 dans le Rapport Pelletier, ainsi désigné du nom de son président, Benoît Pelletier, député de Chapleau à l'Assemblée nationale. On a reproché à ce rapport de s'éloigner des positions définies dans des documents antérieurs, notamment *Une nouvelle fédération canadienne* (ou Livre beige, 1980) et *Reconnaissance et interdépendance* (1996). Cette critique n'est pas fondée. Tous les objectifs définis à maintes reprises dans le passé — reconnaissance de la spécificité du Québec; droit de veto pour le Québec en matière d'amendement constitutionnel; enchâssement de l'Entente McDougall-Gagnon-Tremblay en matière d'immigration; enchâssement du droit du Québec à au moins trois juges civilistes sur neuf au sein de la Cour suprême; encadrement du pouvoir fédéral de dépenser, sans que la péréquation soit remise en question; réforme du Sénat — sont des positions familières que l'on retrouve dans le rapport Pelletier.

Signature de l'Accord du Lac Meech

Le Parti libéral est par ailleurs conscient de l'impasse dans laquelle le dossier constitutionnel est enlisé depuis la répudiation de Meech et le rejet de Charlottetown. Il sait qu'il faudra créer un climat de confiance propice à un dialogue véritable pour que puisse être envisagée une réouverture des négociations constitutionnelles. Mais au lieu de se croiser les bras dans l'attente passive d'un contexte plus favorable, il s'engage à tirer le maximum de profit des possibilités d'amélioration du régime fédéral au plan législatif et administratif. Il recommande à cette fin une série d'initiatives appropriées que le Parti libéral a inscrite dans son programme : prise en compte des besoins des autres partenaires, collaboration intergouvernementale et cogestion dans des domaines d'intérêt commun, bonification de l'entente sur l'union sociale, participation à la négociation de traités internationaux dans des champs de compétence provinciale, redistribution de l'assiette fiscale et récupération de points d'impôt, ententes bilatérales ou multilatérales avec d'autres provinces, définition conjointe d'objectifs pancanadiens dans certains domaines, etc. La création d'un conseil de la fédération, préconisée par le gouvernement Charest, répond à un objectif mainte fois mis de l'avant par le Parti libéral au cours de sa longue histoire.

Des trois partis représentés à l'Assemblée nationale au lendemain de l'élection de 2003, le Parti libéral est le seul qui ait un véritable programme à présenter à la population au plan constitutionnel. Tributaire de son option souverainiste, le Parti québécois n'a aucune ligne de conduite définie en ce qui touche l'amélioration du fédéralisme canadien. Il doit se borner à improviser une ligne de conduite devant chaque nouveau dossier qui se présente. Cette ligne de conduite porte le plus souvent la marque d'une vision étroitement égoïste où seul compte l'intérêt du Québec et où le bien de la fédération dans son ensemble ne présente aucun intérêt. L'Action démocratique du Québec a de nouveau fait siennes, en 2003, d'orientations qui sont un décalque à peine voilé du projet péquiste de souveraineté-association. À l'exemple de l'ancien rapport Allaire, l'ADQ réclame le transfert au Québec de 22 pouvoirs législatifs présentement détenus au moins en partie par le Parlement fédéral. Cette liste fut incluse dans le rapport Allaire à la manière d'une liste d'épicerie, sans qu'aient été examinées de manière approfondie les conséquences qu'aurait dans chaque cas précis le transfert réclamé. En reprenant ces propositions à son compte dix ans plus tard, sans y ajouter le complément d'étude nécessaire, l'ADQ témoigne d'une dangereuse improvisation. Elle nage en outre en pleine ambiguïté quant à ses intentions véritables.

On objecte souvent que l'approche du Parti libéral en matière constitutionnelle n'a rien produit, qu'elle a au contraire donné lieu à une série d'échecs. On ajoute aussi que la position constitutionnelle du Parti libéral n'a pas empêché le pouvoir fédéral de s'immiscer à maintes reprises dans des champs de compétence provinciale. Il s'agit là de faits en bonne partie indéniables mais qui ne rendent pas compte de nombre de développements plus favorables. Tout en prenant acte de certains échecs, on ne saurait ignorer en effet que pendant la même période où ces échecs se produisirent, de nombreux changements favorables au Québec furent aussi apportés au fonctionnement du fédéralisme canadien. Voici une liste de ces changements survenus à l'époque moderne :

A) *Changements constitutionnels*

1) insertion dans la Constitution en 1964 d'une disposition habilitant le Parlement fédéral à légiférer en matière de régimes de retraite mais spécifiant qu'en cas de conflit entre

une loi fédérale et une loi provinciale, la loi provinciale aura prépondérance (art. 94A);

2) insertion dans la *Loi constitutionnelle de 1982* d'une disposition garantissant le droit de retrait d'une province à l'endroit de toute modification constitutionnelle entraînant un transfert de compétence des provinces en faveur du Parlement fédéral (art. 38,3 et 40);

3) insertion dans la *Loi constitutionnelle de 1982* d'une disposition additionnelle stipulant qu'une province qui exerce son droit de retrait à l'endroit d'une modification constitutionnelle entraînant un transfert de compétences législatives provinciales en faveur du Parlement fédéral « *en matière d'éducation ou dans d'autres domaines culturels* », aura droit à une juste compensation financière de la part du Parlement fédéral (art. 39,2);

4) insertion dans la *Loi constitutionnelle de 1982* d'une disposition affirmant le pouvoir de décision exclusif du Québec en ce qui touche l'application des critères d'admission à l'école anglaise définis dans la *Charte canadienne des droits et libertés* (art. 59.2);

5) insertion dans la *Charte canadienne des droits et libertés* d'une disposition garantissant que la composition de la Cour suprême, laquelle doit selon la loi comprendre au moins trois juges civilistes, ne pourra être modifiée sans l'accord du Québec (art. 41);

6) insertion dans la *Loi constitutionnelle de 1982* d'une disposition en vertu de laquelle une modification concernant une (ou quelques) province(s) peut être modifiée moyennant le seul consentement du Parlement fédéral et de la (ou des) province(s) concernée(s). Cette disposition a permis qu'à sa demande, le Québec soit affranchi des contraintes de l'article 93 de la Constitution en matière de confessionnalité scolaire.

B) *Changements législatifs ou administratifs*

1) adoption par le Parlement fédéral en 1995 d'une loi rendant obligatoire l'accord préalable du Québec avant la présentation au Parlement d'une proposition de modification de la Constitution ;

2) adoption par le Parlement fédéral en 1995 d'une résolution aux termes de laquelle le gouvernement fédéral et ses organismes sont tenus de prendre en compte le caractère distinct du Québec dans la mise en œuvre des lois et programmes fédéraux au Québec ;

3) adoption en 1964 de la loi fédérale sur le financement des programmes établis de dispositions conçues de manière à permettre le retrait du Québec, moyennant transfert de points d'impôt, de divers programmes fédéraux à frais partagés ;

4) les accords Cullen-Couture et McDougall-Gagnon-Tremblay, en vertu desquels le Québec participe à la sélection des candidats à l'immigration sur son territoire et assume l'entière responsabilité de leur intégration ;

5) l'entente attribuant au Québec la perception harmonisée des taxes québécoise et fédérale de vente sur son territoire ;

6) l'entente qui a permis l'harmonisation des mesures fédérales et québécoises en matière de prestations fiscales pour enfants et pour services à l'enfance et à la famille ;

7) l'entente qui a permis le transfert au Québec de la formation professionnelle de la main-d'œuvre ;

8) les ententes qui ont permis au Québec d'assumer la maîtrise d'œuvre sur son territoire de deux programmes tripartites visant la modernisation des infrastructures locales et régionales.

Ces faits témoignent d'une évolution sans doute plus dispersée que plusieurs ne l'auraient souhaité mais néanmoins réelle du fédéralisme canadien vers un assouplissement des aménagements existants et une reconnaissance plus explicite du caractère distinct du Québec. Ils indiquent que sans abandonner ses revendications d'ordre constitutionnel, le Québec a tout intérêt à cultiver dans l'immédiat la voie des ententes administratives et législatives et à créer un climat de respect mutuel avec le Parlement fédéral et les autres provinces et territoires.

Les adversaires du Parti libéral répètent constamment qu'il serait un défenseur peu fiable des intérêts du Québec en matière fédérale-provinciale. Rien n'est plus mensonger que cette affirmation. Constatons d'abord que la volonté d'intervention du Parlement fédéral dans des champs de compétence provinciale semble se manifester davantage quand des gouvernements souverainistes sont au pouvoir à Québec. La perte du droit de veto, le rapatriement unilatéral de la Constitution, le Renvoi sur la sécession à la Cour suprême, la Loi C-20 : autant de gestes fédéraux qui furent posés sous des gouvernements péquistes. On ne se souvient pas d'initiatives comparables qui auraient été prises par le pouvoir central entre 1985 et 1994, alors qu'un gouvernement libéral était au pouvoir à Québec. Au contraire, de nombreuses ententes avantageuses pour le Québec intervinrent entre les deux ordres de gouvernement pendant cette période : entente McDougall-Gagnon-Tremblay, entente sur la perception de la taxe de vente, entente sur le programme d'infrastructures.

Quoi qu'il en soit, les gouvernements québécois ont souvent dû faire face à des initiatives fédérales qui remettaient en cause l'équilibre des pouvoirs au sein de la fédération. Chaque fois que de tels dossiers ont surgi, le Parti libéral s'est employé à défendre les intérêts bien compris du Québec. En 1964, sous Jean Lesage, il rejeta un projet de régime de rentes soumis par le gouvernement fédéral et réussit à faire accepter de tout le Canada un projet mieux conçu mis de l'avant par le Québec. Il obtint en outre un amendement constitutionnel confirmant la compétence prépondérante des provinces en matière de pensions. En 1970, sous Robert Bourassa, il refusa de souscrire à la Charte de Victoria parce qu'elle ne répondait pas aux attentes formulées par le Québec concernant le partage des compétences en matière de politique sociale. En 1981, dans des circonstances très difficiles, l'opposition libérale à l'Assemblée nationale fit cause commune avec le gouvernement péquiste de l'époque pour dire non à l'opération unilatérale de rapatriement qui se préparait. En 1982, le Parti libéral refusa de s'associer aux célébrations du rapatriement de la Constitution. En 1997, il s'opposa au Renvoi sur la sécession à la Cour suprême, plaidant que l'avenir constitutionnel du Québec était une question essentiellement politique devant trouver sa réponse au Québec. En 1998, il s'opposa à la Loi C-20 astreignant le Québec à des règles

En 1980, 60 % des Québécois votent non à l'indépendance

exagérément contraignantes en matière de référendums constitutionnels. En 1999, il s'opposa non pas au principe d'une union sociale canadienne mais aux termes dans lesquels fut conçue l'entente signée à cette fin par le gouvernement fédéral, les gouvernements des Territoires et ceux des provinces autres que le Québec. En 2000, il s'opposa à la création des Bourses du millénaire et s'employa de façon réussie à faciliter dans ce dossier une solution acceptable à toutes les parties. En 2002, il a revendiqué, à l'aide d'un mémoire étoffé devant la Commission Séguin et de nombreuses autres interventions, un meilleur partage des recettes fiscales entre le Parlement fédéral et les provinces et Territoires. Devant ces faits, comment un esprit soucieux de vérité pourrait-il soutenir que le Parti libéral du Québec serait un défenseur tiède des intérêts du Québec en matière constitutionnelle et dans les rapports avec les autres gouvernements du Canada?

Ceux qui aiment répéter que le Parti libéral du Québec est à la solde du Parti libéral du Canada en matière constitutionnelle ignorent les faits ou sont tout simplement de mauvaise foi. La vérité est tout autre. Le Parti libéral a sans cesse défendu et promu les intérêts du Québec dans la fédération canadienne au cours du dernier demi-siècle. Il a été à l'origine de la grande majorité des gains obtenus par le Québec à cet égard. Il est aussi le seul parti à pouvoir défendre les intérêts du Québec en matière de relations fédérales-provinciales en s'appuyant non sur des slogans ou des mythes mais sur un programme longuement mûri et précis. Le Parti libéral est d'autant plus à l'aise pour traiter du dossier constitutionnel et de dossiers connexes qu'il est le seul, parmi les trois partis, à pouvoir se réclamer à la fois d'une identification maintes fois démontrée envers les intérêts du Québec et d'un engagement loyal et sincère envers les idéaux de liberté, de partage et de collaboration qu'incarne le fédéralisme canadien.

Conclusion

Des valeurs toujours actuelles

À la lumière de l'histoire du dernier demi-siècle, il est juste de conclure que le Parti libéral, sous l'impulsion des valeurs qui le caractérisent, a été au plan politique le principal bâtisseur du Québec moderne. Il a été le grand architecte des changements qui ont transformé le Québec pendant la Révolution tranquille. Dans des conditions différentes, il a continué par la suite de se mettre au service des valeurs de liberté, de progrès et de réforme.

Les citoyens et citoyennes du Québec jouissent aujourd'hui d'une mesure très élevée de liberté autant en ce qui touche leurs choix personnels qu'en ce qui a trait à leurs opinions sociales, religieuses ou politiques. Ils bénéficient d'un niveau de vie nettement amélioré. Ils ont accès, la plupart du temps gratuitement, à des services publics de qualité en matière de santé et d'éducation. Ils peuvent s'appuyer sur des institutions politiques où les valeurs de service, de compétence et de transparence sont à l'honneur. Si le Québec a pu atteindre un seuil de développement aussi enviable, il le doit d'abord à sa population, à ses entreprises, à ses institutions, dont le travail et les sacrifices ont été la source première de ses progrès. Mais il le doit aussi, dans une mesure élevée, aux politiques mises en œuvre par le Parti libéral et aux valeurs dont celui-ci n'a cessé de s'inspirer.

Le Parti libéral est un parti profondément enraciné dans l'histoire et la réalité contemporaine du Québec. Il a des racines dans toutes les parties du territoire québécois. Tous les milieux sociaux y sont représentés et il accueille dans son sein une grande diversité d'opinions. L'avancement du Québec à l'enseigne des valeurs politiques les plus élevées est sa raison d'être. Loin d'être un obstacle à cet avancement, la participation lucide à l'ensemble canadien a contribué jusqu'à maintenant et peut encore contribuer dans l'avenir à le faciliter.

Le Parti libéral a une conception foncièrement optimiste de la nature humaine. Tout en connaissant les faiblesses de celle-ci, il est convaincu de sa bonté fondamentale et croit en la capacité de dépassement de chaque individu. Mais ce développement ne peut se réaliser à ses yeux que si les personnes sont libres. Quand le Parti libéral parle politique, il ne pense pas d'abord à des contrôles, à des structures et à de grands schèmes. Il cherche d'abord à promouvoir le libre développement des personnes, des familles et des groupes.

Le Parti libéral croit aussi que tous les membres de la société ont droit à une égalité raisonnable des chances dans la vie. L'égalité absolue est pour lui un mythe dangereux. Suivant le talent et l'effort de chaque personne, suivant aussi les circonstances de temps et de lieu, il existera toujours des inégalités de condition entre les individus. Il incombe néanmoins à la société d'assurer que tous ses membres puissent bénéficier d'une égalité raisonnable des chances à divers stades de la vie, surtout au point de départ. D'où l'importance que le Parti libéral accorde à la bonne marche de l'économie, génératrice d'emploi et de prospérité, et aux politiques sociales qui visent à procurer l'accès de tous aux services d'éducation et de santé et à protéger les personnes entre les pertes de revenu attribuables à la maladie, au chômage et au vieillissement.

Le Parti libéral est foncièrement ouvert au changement et aux réformes. Le changement est pour lui la loi de la vie en société. Il faut être disposé à entreprendre en tout temps les réformes qu'il peut requérir. Ce qui était valable hier ne l'est pas nécessairement aujourd'hui. Si l'on demande à un militant libéral d'expliquer les motifs de son engagement, il répond la plupart du temps qu'il est là parce qu'il veut changer les choses. Sans toujours connaître la nature exacte des changements qui s'imposent, il sait, pour l'avoir constaté dans la vie de tous les jours, que des changements sont nécessaires. Il exprime par son engagement sa volonté de promouvoir, en collaboration avec d'autres, la recherche et la mise en œuvre des réformes nécessaires.

Le Parti libéral attache une grande importance aux valeurs de la raison et de l'intelligence. Les acteurs politiques doivent tenir compte d'une foule de conventions, d'idées reçues, de conceptions implantées depuis un temps immémorial, dont l'omission ou la remise en cause pourrait leur être fatale. La politique est remplie de ces idées reçues, de ces tabous inspirés par le souci exagéré de la rectitude politique. Le Parti libéral n'échappe pas toujours à ce travers. Quand il agit en harmonie avec ses convictions profondes, il n'hésite pas cependant à faire sauter certains mythes. Il tient de sa longue tradition une foi profonde dans les valeurs de raison et d'intelligence en politique. Il croit au rôle nécessaire de l'autorité et de la tradition, en politique comme dans les autres domaines. Mais le jugement qui doit entraîner l'action doit découler avant toute chose, selon lui, du libre exercice de la raison critique de chacun. Dans la même perspective, partis et gouvernement ne devraient arrêter leurs décisions qu'après s'être assurés qu'elles reposent sur une connaissance approfondie des faits et sur la meilleure expertise.

Le Parti libéral croit enfin à la démocratie. Ayant souvent exercé le pouvoir, il est conscient de ses limites. Il estime en conséquence que les partis politiques doivent se garder de susciter dans la population des attentes qui ne pourront être comblées. Il est également conscient que le sort d'une élection se joue souvent sur des images et des impressions plutôt que sur des idées. Il est néanmoins convaincu que, de toutes les formes de gouvernement, le gouvernement du peuple par le peuple et pour le peuple est la meilleure forme de gouvernement. Il croit aussi que cette forme de gouvernement se prête mieux que toute autre à des améliorations continuelles.

De cette identification à son milieu d'origine, de cette vision optimiste de la nature humaine, de cette foi envers la liberté, de cet engagement envers l'égalité des chances, de cette confiance envers les valeurs de raison, de cet attachement à la démocratie, se sont dégagées à travers le temps des valeurs permanentes auxquelles le Parti libéral, sans prétendre les avoir toujours servies de manière irréprochable, s'est généralement identifié et dont il éprouve le besoin de s'inspirer de nouveau chaque fois que le Québec et lui-même font face à des défis inédits. Ces valeurs, nous l'avons vu, sont la primauté des libertés individuelles, l'identification au Québec, le développement économique, la justice sociale, le respect de la société civile, la démocratie politique et l'appartenance canadienne.

Les valeurs libérales ont bien servi le Québec à diverses étapes de son histoire, et particulièrement à l'époque contemporaine. Elles demeurent toujours jeunes et vivantes car elles puisent leur inspiration aux sources les plus riches non seulement de l'histoire du Québec mais aussi de l'histoire humaine. Aujourd'hui comme hier, elles peuvent être pour le Québec une source très riche de nouveaux dépassements dans le maintien d'une nécessaire continuité.

Il incombe à la génération actuelle de militants libéraux de traduire ces valeurs dans un projet politique capable de répondre aux défis nouveaux du 21e siècle, en particulier aux défis qui se rattachent à la défense et à la promotion de la démocratie, à la responsabilisation des individus et des groupes, à la protection des libertés privées, au développement ordonné de la vie économique, à l'égalisation des chances à l'intérieur de chaque société et au plan mondial, à l'évolution de la démographie, à l'expansion des savoirs, au progrès phénoménal des communications, à la participation des citoyens à la vie politique et à la définition d'objectifs communs dans des sociétés où s'affirme une pluralité croissante des choix individuels et où l'État se voit davantage contester de nos jours le pouvoir d'entraînement qui lui fut longtemps reconnu dans ce domaine.

Généalogie du Parti libéral du Québec de 1827 à aujourd'hui

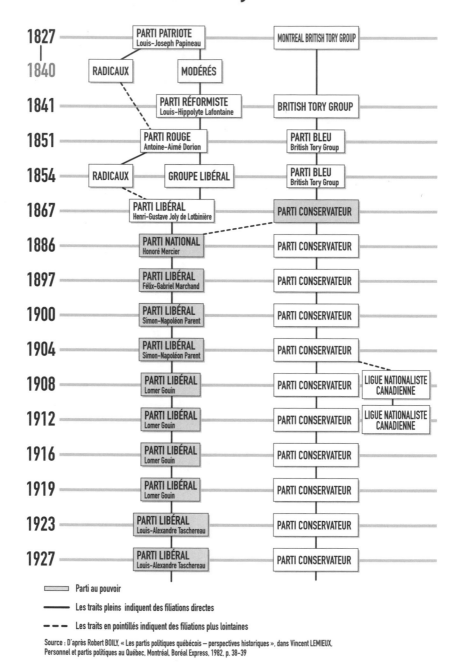

Source : D'après Robert BOILY, « Les partis politiques québécois – perspectives historiques », dans Vincent LEMIEUX, Personnel et partis politiques au Québec, Montréal, Boréal Express, 1982, p. 38-39

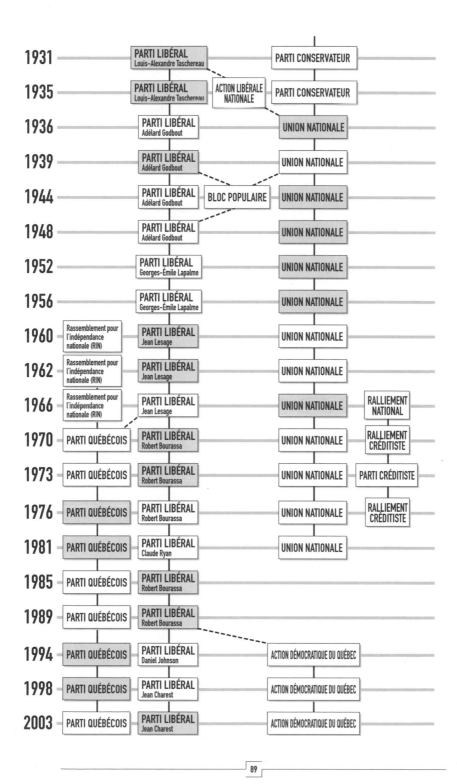

BIBLIOGRAPHIE

Bélanger, Yves, dir., Comeau, Robert, Métivier, Céline. *La Révolution tranquille 40 ans plus tard : un bilan.* Communications présentées à l'occasion d'un colloque tenu à l'Université du Québec à Montréal, Montréal, Éditions VLB, 2000, 316 pages.

Bernard, Jean-Paul. *Les Rouges — Libéralisme, nationalisme et anticléricalisme au XIXᵉ siècle.* Montréal, Presses de l'Université du Québec, 1971, 395 pages.

Bourassa, Robert. *Bourassa Québec.* Montréal, Éditions de l'Homme, 1970, 126 pages.

Bourassa, Robert. *La Baie James.* Montréal, Éditions du Jour, 1973, 139 pages.

Bourassa, Robert. *L'énergie du Nord. La force du Québec.* Montréal, Éditions Québec/Amérique, 1985, 223 pages.

Bourassa, Robert. *Le défi technologique.* Montréal, Éditions Québec/Amérique, 1985, 160 pages.

Bourassa, Robert. *Gouverner le Québec.* Montréal, Éditions Fides, 1995, 305 pages.

Charest, Jean J. *J'ai choisi le Québec.* Saint-Laurent, Éditions Pierre Tisseyre, 1998, 276 pages.

Comeau, Robert, dir. *Jean Lesage et l'éveil d'une nation — Les débuts de la Révolution tranquille.* Communications présentées à l'occasion d'un colloque sur Jean Lesage tenu à l'Université du Québec à Montréal, Montréal, Presses de l'Université du Québec, collection, *Les leaders du Québec contemporain,* 1989, 367 pages.

Comeau, Robert et Michel Lévesque. *Le Parti libéral du Québec : bibliographie rétrospective (1867-1990).* Québec, Bibliothèque de l'Assemblée nationale, 1991, 198 pages.

Genest, Jean-Guy. *Godbout.* Sillery, Éditions Septentrion, 1995, 390 pages.

Guy Lachapelle et Robert Comeau, dir. *Robert Bourassa, un bâtisseur tranquille.* Communications présentées à l'occasion d'un colloque sur Robert Bourassa tenu à l'Université du Québec à Montréal en collaboration avec l'Université Concordia, Québec Presses de l'Université Laval, 2003, 406 p.

Lachapelle, Guy et Comeau Robert. *Robert Bourassa, un bâtisseur tranquille.* Communications présentées à l'occasion d'un colloque sur Robert Bourassa tenu à l'Université du Québec à Montréal en colloboration avec l'Université Concordia, Québec, Presses de l'Université Laval 2003, 406 pages.

Lapalme, Georges-É. *Pour une politique — Le programme de la Révolution tranquille.* Montréal, Éditions VLB, 1988, 350 pages.

Lapalme, Georges-É. *Mémoires,* Tome 1 : *Le bruit des choses réveillées.* Montréal, Éditions Leméac, 1969, 330 pages.

Lapalme, Georges-É. *Mémoires,* Tome 2 : *Le vent de l'oubli.* Montréal, Éditions Leméac, 1971, 295 pages.

Lemieux, Vincent. *Le Parti libéral du Québec — Alliances, rivalités, neutralités.* Sainte-Foy, Presses de l'Université Laval, 1993, 257 pages.

Lemieux, Vincent. *Personnels et partis politiques au Québec. Aspects historiques.* Montréal, Boréal, 1982, 350 pages.

Léonard, Jean-François, dir. *Georges-Émile Lapalme.* Communications présentées à l'occasion d'un colloque sur Georges-Émile Lapalme tenu à l'Université du Québec à Montréal, Montréal, Presses de l'Université du Québec, collection *Les leaders du Québec contemporain*, 1988, 308 pages.

Lesage, Jean. *Lesage s'engage — Libéralisme québécois d'aujourd'hui : Jalons de doctrine.* Montréal, Éditions politiques du Québec, 128 pages.

Pelletier, Réjean. *Partis politiques et société québécoise. De Duplessis à Bourassa 1944-1970.* Montréal, Québec/Amérique, 1989, 397 pages.

Roy, Jean-Louis. *Les programmes électoraux du Québec,* Tome I : *1867-1927. Les programmes électoraux du Québec,* Tome II : *1931-1966.* Montréal, Éditions Leméac, 1978, 458 pages.

Ryan, Claude. *Regards sur le fédéralisme canadien.* Montréal, Boréal. 1995, 242 pages.

Ryan, Claude. *Une société stable.* Montréal, Éditions Héritage, 1978, 383 pages.

Thomson, Dale C. *Jean Lesage et la Révolution tranquille.* Saint-Laurent, Éditions Trécarré, 1984, 615 pages.

Documents d'orientation et programmes politiques

Parti libéral du Québec, *Un gouvernement au service des Québécois,* plate-forme électorale, 12 septembre 2002, 46 pages.[1] English version available.

Parti libéral du Québec. *Un projet pour le Québec – Affirmation, autonomie et leadership.* Rapport du Comité spécial du PLQ sur l'avenir politique et constitutionnel de la société québécoise, 2001, 165 pages.

Parti libéral du Québec. *La liberté de choisir.* Document thématique et résolutions cadres amendées et adoptées en vue d'un renouvellement du modèle québécois, 28ᵉ Congrès des membres, 2000, 83 pages.

Parti libéral du Québec. *L'État québécois et la pauvreté.* Rapport du Groupe de travail du PLQ sur la pauvreté, 1998, 171 pages.

Parti libéral du Québec. *Reconnaissance et interdépendance — L'identité québécoise et le fédéralisme canadien.* Rapport du Comité du PLQ sur l'évolution du fédéralisme canadien, 1996, 94 pages.

Parti libéral du Québec. *Une nouvelle fédération canadienne.* Rapport de la Commission constitutionnelle du PLQ, 1980, 145 pages.

Parti libéral du Québec. *Le Québec des libertés.* Textes et allocutions prononcées au Congrès d'orientation de novembre 1977, Montréal, Éditions de l'Homme, 1977, 129 pages.

---

1. Cette plate-forme électorale est accompagnée de 14 documents sectoriels que le lecteur peut consulter sur le site Web du PLQ au www.plq.org

TABLE DES MATIÈRES

Préface 5

Introduction 13

Chapitre 1
Les valeurs libérales 19

Chapitre 2
Les libertés individuelles 21

Chapitre 3
L'identification au Québec 25

Chapitre 4
Le développement économique 33

Chapitre 5
La justice sociale 41

Chapitre 6
Le respect de la société civile 51

Chapitre 7
La vie politique à l'enseigne de la démocratie 61

Chapitre 8
L'appartenance canadienne 71

Conclusion
Des valeurs toujours actuelles 83

Annexe
Généalogie du Parti libéral du Québec 88

Bibliographie 90

Photos : Archives du PLQ